知的生きかた文庫

生きているだけで
不安なあなたを救う方法

高田明和

三笠書房

はじめに

人の見た目が違うように、「脳の機能」にも、人それぞれに違いがあります。

そのちょっとした違いにより、**不安を感じやすい脳のタイプ、不安をほとんど感じない脳のタイプ**などの傾向が出ます。

不安を感じやすい脳のタイプであるゆえに、日々、あれこれ気を回して気力を使いはたし、人生の喜びや恵みを心から楽しめていない人のなんと多いことか。

自分の脳には、どんな傾向やクセがあるのかを知っているか、いないかで、その人の運命は分かれます。

練習すればスイスイ自転車に乗れるようになるように、不安を感じやすい人は、不安を司る脳の機能をコントロールするコツを覚えれば、あの気疲れがなくなり、〝グッと生きやすくなる〟ことに気づくでしょう。もっと、日々を安心して楽しめますし、大らかでいられます。

目次

CHAPTER 1

漠然とした不安が、たちまち解決！

CHAPTER 2

お金の不安が、たちまち解決！

CHAPTER 3

人間関係の不安が、たちまち解決!

CHAPTER 4

浮気、ダイエット、片付け……の不安が、たちまち解決！

CHAPTER 5

返信がない！しつこい不安が、たちまち解決！

CHAPTER 6

ネット社会にまつわる不安が、たちまち解決！

今日の報告して
あ

CHAPTER 7

腸内細菌と脳内ホルモンを整えたら、もっと不安が消える！

CHAPTER 8

逃げよう！「逃げる」は、役に立つ！

本文DTP／株式会社Sun Fuerza
イラスト／福田玲子

PROLOGUE

あれこれ気になって、ぐったり……、動けない！
どうしたらいいですか？

不安になるのは、正常で優秀な証拠!?

生まれてこの方、不安を抱いたことがない、などという人はまずいません。

むしろ、なんとか不安から逃れようとして、あれこれ方法を考え行動する、そして解消しては、また別の不安を覚える——。

人生とは、その繰り返しです。

「不安との闘いこそ人生だ」と言えるかもしれません。

生命を脅かす危険を、「不安」や「恐怖」として未然に察知し、その危険から逃れてきたからこそ、人類は今日まで、この地球上で繁栄してこられました。

だから、気にしてしまうことを、ことさら恥じて嫌がる必要はないのです。

ただ、中には、人よりも強く不安や恐怖を感じるタイプの人がいるのは事実です。

彼らはHSP（敏感すぎる人）と呼ばれます。

そして、**ヒトのみならず、動物、昆虫など、すべての生物のうちのおよそ2割が、この「敏感という能力」を授かっている**と言われます。

これはアメリカのエレイン・N・アーロン博士が、自分のあまりに感じやすい性格に悩み、自らを研究した結果、見つけた新しい概念です。

HSPの人たちは、危機を察知する「炭鉱のカナリア」にも喩《たと》えられるように、その繊細な感性や、敏感であるという能力によって、今起きている危機やこれから起こるであろう危機を察知することに長《た》けています。

これは、脳の一部が普通の人以上に活性化している、つまり、脳のある部分の機能が、ほかの人より元気なために生じる、気質（性格）です。

脳にはそもそも、そういうタイプもあると知るだけでも気は楽になるでしょう。

生物の2割が持つ気質。

どう考えても安全。なのに、不安になるのはなぜ？

脳の一部が活性化しているせいで、危険を察知しやすい。

こうした特性は、夜もオチオチ寝ていられないような危険に満ちた世界をサバイバルしてくるのには、もってこいの能力でした。

ですが、今や時代は変わりました。寝ている間に敵に襲われて生命を脅かされるようなリスクは少なくなっています。でも、「敏感である」という脳の機能は失われていません。

そして、それがときどき、人間が退屈しのぎのために生み出した娯楽の過剰な刺激——音や色、匂いなど——に敏感に反応してしまい、命の危険に見舞われているわけでもないのに不安になるというわけです。性能のよすぎる火災報知器が脳の中にあるとイメージするとわかりやすいかもしれません。

また、ＨＳＰとは別に、不安症という病気があります。以前は「不安障害」と呼ばれていたもので、その定義は曖昧《あいまい》です。電車の中などで突然、息苦しさに襲われるパニック障害も不安症のひとつですが、本書では主に、一般的な不安症を扱います。

一般的な不安症とは、「お金がなくなったらどうしよう」とか「病気になったらどうしよう」「会社が潰れたらどうしよう」と、いろいろな不安に日々襲われて、生きていくのがしんどく感じる症状のことです。病気というより、「人一倍不安になりやすい人」くらいに考えてください。

ＨＳＰ気質の人も、不安症の人も、どちらも不安感が強く、常に生きづらさを抱えていることは共通していますし、どちらでもあると言える人は多くいます。

そして、あなたがどちらであろうと、その生きづらさを取り除くことはできます。自分のままで生きていくために役立つ、考え方やコツはあるのです。

ＨＳＰにも不安症にも、本書は役立つ。

「脳のせいだ」と知るだけで、気持ちは変わる

不安にはふたつの種類があります。

〝原因がわかっている不安〟と、〝原因がわからない不安〟です。

「試験に受からなかったらどうしよう」

「感染症に罹《かか》るかもしれない」

これらは、はっきりと原因がわかっている不安であり、誰もが抱く不安です。

これに対して、楽しいはずなのに、緊張して胸がドキドキするとか、心配するようなことは何もないのに怖い、というのが「原因がわからない不安」です。

そして、この「原因がわからない不安」は、その人の脳が、人一倍、いろいろなことを感じ取って、それに過剰反応しているからこそ起こるのです。

そうとわかったならば、こんな対処法が効果的です。

はっきりとした原因があるわけでもないのに、なぜか不安で憂鬱になったときは、「あっ、今は、脳のセンサーが活発になっている」「私の敏感なセンサーが、何かに反応している」と、強く意識しましょう。

「これは脳のセンサーのせいだ」と自覚するだけで冷静になれ、ひとまず、必要以上に不安になることはなくなります。

「脳には、過剰に反応するクセがある」という基本知識がなければ、「わけもなく不安」というかすかな不快感は、やがて「とにかく怖い」「とにかく辛い」と、はっきり意識される強い感覚に変わります。

さらには、その強い恐怖心が、ストレス性の胃腸炎や筋肉のこわばりによる頭痛・腰痛・自律神経の失調など、さまざまな身体的不調を引き起こします。不安感から行動範囲や交友関係が狭まってしまうような影響もあります。

不安になったら、即意識する。

不安や恐怖を感じない人たちはいる

世の中には、ＨＳＰの人とは逆に、不安や恐怖をまったく感じない人もいます。

「フリーソロ」というクライミングスタイルがあります。命綱などの安全器具をいっさい使わずに、自分の体とわずかな道具だけで山や断崖絶壁を登ること。

それをタイトルに冠したドキュメンタリー映画が『フリーソロ』です。これは、カリフォルニア州ヨセミテ国立公園の崖、エル・キャピタンで、世界的に著名なクライマー、アレックス・オノルドが衝撃的なフリーソロを達成するまでを密着取材した映画です。この映画の中に、見事、崖を登りきって偉業を成し遂げたアレックス・オノルドの脳をＭＲＩで調べるシーンがあります。

医師はアレックスにこう告げます。

「あなたの扁桃体《へんとうたい》は、あまり活動していない」

「それはどういう意味ですか？」と尋ねるアレックスに、医師はこう答えました。

「よほどのことがないかぎり、不安や恐怖を感じないんだね」と。

実際のところ、彼は切り立った崖を登っている最中もまるでへっちゃらな顔で、恐怖を感じている様子は微塵《みじん》もありませんでした。

しかし、彼を撮る撮影隊の中には、冷や汗をかき、顔をそむけるメンバーがいます。

そして、映画を観ている人にしてみれば、あっけらかんと構えているアレックスのゆったりとした姿よりも、「恐怖に慄《おのの》いている人」の姿を観るほうが、より大きな緊張や不安を覚えます。だからホラー映画では、ゾンビや殺人鬼などよりも、襲われる人が恐怖に慄く表情や悲鳴のシーンをよく使うのです。

不安や恐怖は、人から人へ伝染します。直接、対面していなくとも、映像や、声だけでも伝播します。

脳のタイプにより、さまざま。

図太ければいいのか？気にしない強さが一番なのか？

前項のアレックス・オノルドは、命綱なしで切り立った崖の上に立っても恐怖をほとんど感じなかったからこそ、偉業を成し遂げることができました。

つまり、恐怖を覚えず、心が恐怖に乱れなかったからこそ、目の前の目的に集中できたわけです。

もし、不安や恐怖を抱いたなら、筋肉は硬直して思うように動かなくなり、危険な偉業を成し遂げることは、まず不可能だったでしょう。

不安や恐怖を司る脳の機能は、海馬やそれと隣接している扁桃体が受け持っています。**海馬や扁桃体が活発に動くならば、不安や恐怖を感じやすく、あまり活動しないなら、恐怖を感じにくい。これは、単純な脳の機能の傾向であり、そこに良し悪しはありません。**

メンタルはタフなほうがいいと思っている節が世間にはありますが、心臓に毛が生えたような図太さがあればいいというわけでもないのです。

体が傷ついていても痛みを感じない「無痛症」という難病があります。どれだけ体を強く打ちつけても、深く傷つけても痛みを感じません。

痛みがないから、ドアに指を挟まないように気をつけるとか、突風が吹いてきたら砂埃が目に入らないよう目をつぶるといった、私たちが当たり前にしている身を守るための行動を、無痛症の人は、なかなか取れません。

そのため、怪我を繰り返し、その傷が原因で破傷風などの病気に侵され、死に至ることさえあります。

これと同様に、不安や恐怖をあまり感じない人は、普通の生活や順風満帆な日常に退屈し、まさにアレックスのように危険なチャレンジに身を投じることを繰り返す傾向があります。

そんな行為は、自身の命を縮めかねないうえに、家族や親しい人に、大きな不安やストレスを与えるでしょう。

「敏感で繊細」「図太くて危険にも動じない」——どんな傾向も、長所にも短所にもなりえます。

だから、「なぜ、自分はこうなんだろう」などと、自分の気質を思い悩むことに意味はありません。

つい、そこを悩んでしまい、誰かとの比較をはじめ、他人をうらやむいつものパターンに陥ったら、**「自分は、繊細さや敏感さを持って生まれたのだから、それでいい。今のままの自分でいいのだ」**と言い聞かせること。

そして、自分の脳の特性を知って、その特性を生かしましょう。

あらゆる面で、他者との比較を捨てて、自分に都合のいいように脳をコントロールするコツを身につければ、すべてうまくいくのです。

ありのままの自分でいいと認めよう。

CHAPTER 1

漠然とした不安が、たちまち解決！

お金があっても不安な日本人、お金がなくても陽気な欧米人

「日本人には不安遺伝子を持つ人が65%もいる」

少し前から、このようなことが盛んに言われているのをご存じでしょうか。

簡単に言えば、「精神を安定させる脳内の神経伝達物質が、不足しやすい遺伝子タイプの人が、日本人には多い。そのため、日本人は不安を感じやすい民族だ」という説です。少し詳しくお話ししましょう。

精神を安定させる脳内の神経伝達物質とは、別名「幸せホルモン」とも呼ばれる、セロトニンのことです。

脳内のセロトニンが減ると、人は不安を感じたり、気分が落ち込んだりしやすいと考えられています。

では、脳内のセロトニンの量は、何で決まるのでしょうか？

セロトニンの分泌量を左右するのが、「セロトニントランスポーター遺伝子」です。この遺伝子には、セロトニンの分泌量の少ない「S型」と、分泌量の多い「L型」の2種類があります。

「セロトニントランスポーター遺伝子」のS型とL型の違いは、性格にも反映し、S型の遺伝子を持つ人は不安を感じやすく、L型を持つ人は快活で楽天的だと言われます。

そして、その組み合わせにより、**「SS型」（不安症タイプ）**、**「SL型」（中間タイプ）**、**「LL型」（楽観タイプ）**の三つに分類されます。

つまり、不安を感じやすいかどうかは、生まれつき、遺伝子によってある程度決まっているわけです。

そして、日本人は、不安症タイプのSS型が約65％、中間のSL型は約32％、楽観タイプのLL型はたった3・2％だとされています。

一方、アメリカ人は、不安症タイプのSS型が約19％、SL型が約49％で、楽観タイプのLL型が約32％もいます。

日本人はSS型のセロトニン不足の人が約65%もいるから、不安を感じやすい民族なのだというのがこの説です。他国に比べて、水も食料も、十分に豊かなのに、「もっと多くの財産がないと不安だ」と考えてしまう日本人が多いのは、不安症であるがゆえでしょう。

セロトニントランスポーター遺伝子については、かつて脳医学の世界でも盛んに議論、研究されましたが、うつ病との関係、そして、うつ病と民族的傾向については、確かな裏付けは得られませんでした。ですから、日本人の不安の感じやすさは、セロトニントランスポーター遺伝子の違いによるものだと断言はできませんが、セロトニンと、うつ病や不安症になんらかの関係があるという説は有力です。

実際、日本人が欧米人に比べて不安を感じやすく、自己肯定感が低い民族であることは、さまざまな調査で裏付けられています。「うつ状態」の出現頻度は、アメリカ人の9・4%に対して、日本人は30・4%もいます。

気質も遺伝するのかもしれない。

なぜ日本人の65％が不安遺伝子を持って生まれるのか？

仮に日本人の不安の感じやすさに、セロトニントランスポーター遺伝子の違いが関与しているとして、なぜ日本人には、不安症タイプのＳＳ型が多いのでしょうか。

そのひとつの理由として、国土における災害の多さが関係しているという説があります。

地震、津波、台風、火山噴火などの多い、「災害大国日本」に住む日本人の大半が、「なんとかなるさ！」と悠々と楽観的に構えていたら、いざというときの備えも満足にせず、悲惨な状況を生み出すことは明らかです。

災害から身を守り、生き延びるためには、ＳＳ型の不安遺伝子は必要不可欠であり、それゆえに、これは進化した遺伝子であるとも言えます。

日本や東アジアの国々では、Ｓ型の遺伝子を持つ人が70～80％を占めます。

これに対し、欧米諸国では、S型の持ち主はたった40%程度しかいません。アメリカ人が陽気なのは、彼らの多くの遺伝子がL型だからとも言えます。

不安を抱く度合いが遺伝子型で決まるなら、そこから文化を説明することも可能です。

日本や中国、韓国、シンガポールなどで集団主義的な社会が生まれたのは、人々の不安感が強く、人間関係をできるだけ安定させようとしたから。

ヨーロッパの個人主義は、自主独立と冒険を好む楽観的遺伝子から、生まれたのかもしれません。

もちろん、この生理的な解釈が正しいと決まったわけではないのですが、人種(民族)間の遺伝子の違いが、文化の違いに反映しているという証拠は、徐々に増えてきています。

国土に最適化した可能性大。

So cool!!　世界がうらやむ日本の財産も、この気質から生まれた

不安遺伝子が多いからといって、悪いことばかりではありません。

この遺伝子は**リスク回避以外のことにも、すばらしい威力を発揮**します。

日本の電車が諸外国ではありえないほど、正確に運行されていること、工期や納期がきっちり守られること、自動車や電化製品が壊れにくいこと、痒《かゆ》いところに手の届くサービスやきめ細やかな配慮ができることも、不安遺伝子が多いことに由来すると思われます。でも、S型遺伝子が大半を占めるゆえに、多くの日本人が不安を抱えています。よいものを生み出す能力はそのままに、心穏やかに、消耗せずにいられたら、生きやすくなり、さらにいいのは間違いありません。

不安が価値あるものを生む。

「漠然とした不安」に怯える。そのおかしさに気づいていますか？

不安の「原因がはっきりしている」なら、その原因を解消するための具体的行動を取っていけばいいと、普通は考えるでしょう。

ところが、事はそう簡単ではないのです。

たとえば、「お金の心配」があるなら、「原因はお金の不足」だとはっきりしていますから、どうしたらもっとお金を稼いだり貯めたりできるか、その具体的対処法を考えればいいようなものですが、そうはならないのです。

どう対処すればいいのかわからなくて怖いと、頭の中で不穏な想像を巨大な雪だるまのようにふくらませて、ひたすら怖がるばかりで行動しない――私たちの心には、多かれ少なかれ、こんな厄介《やっかい》な構造があります。

それを続けていても、生まれてくるのは、さらなる「漠然としたお金の不安」でしかありません。

解決策は、ただ、ひとつ。

頭の中で、不安の雪だるまを転がすことをやめて、お金の不安なら、**何の費用がいくら足りないのか、それを補うにはどうすればいいのかを考えましょう。**

「何歳でこうありたい」と目標を立てて、それを叶えるために、いくら必要か計算し、「その金額をどうやって用意するか」計画する。仕事を変える、積み立てや投資を始め、毎月これだけ節約するといった対策を立てる——これしか打開策はありません。しかし、お金の不安を抱える人の多くは、「こうなったら危ない」と予測をすることには十分すぎるほどのエネルギーを注ぐのですが、現実的な行動に移すことを避けてしまうクセがあります。

「お金のことは考えたくない」というお金アレルギーの人がかなりの数いるのです。

ここに気づいて、不安の雪だるまを転がすのをやめるだけでも、大きな前進です。

解決のための行動を起こしたか？

目をそむけていた問題に向き合うチャンスだ、と思うだけでも心は落ち着く

新型コロナウイルスが蔓延《まんえん》しはじめた当時、世界は、かつてないほどの不安に襲われました。それは、「原因ははっきりしているのに、漠然とした不安を抱えてしまう状態」の象徴的な出来事ではなかったでしょうか。

自分や家族がコロナに罹るのではないか。

罹ったら、治る見込みはあるのか、どんな症状に苦しめられるのか。

会社が倒産するのではないか。

不安の原因は、はっきりしているけれど、この先どうなるのかわからない、いつ収束するかもわからないという漠然とした不安を抱えてしまう――という状況です。

このとき、「不要不急の外出は控えましょう」と規制され、「うすうす感じてはいたけれど、自分のやってきた仕事は不要不急なのか……」とショックを受けた芸能

人がいれば、逆に、「不要不急であっても、自分にはやはり大切なのだ」と、自分の仕事の意義を初めて認識した人もいました。

長い自粛生活で、家族とともに過ごす時間が増え、それまで日々の慌ただしさにかまけて後回しにしていた「家族問題」や、そのほかの問題が表面化してきたと感じる人が多くいました。

コロナ禍は、**多くの人が潜在的に抱えていた不安、そして、目をそむけていた不安をあぶり出した**と言えるでしょう。生き方を見直してよりよい人生にする、大きなチャンスがきたとも言い換えられます。

こう考えると、**漠然とした不安を覚えるとき、それは、自分自身が問題に向き合うチャンスを「リスク」だと意味づけして不安になっているにすぎない**ことがわかります。**実は、これまで目をそむけていた問題に向き合う、大きなチャンスがきている**――そうポジティブに捉えればいいことがわかります。

放置していた問題にメスを！

自信のなさや将来の不安をミニマリストになって解消！

日本やあなたの住む地域がいくら安全であっても、グローバル経済が浸透した現代、世界のどこかで紛争や疫病が発生しているかぎり、安心はできません。

たとえ日本国内のパンデミックが収束したとしても、またすぐに別のウイルスや病原菌が他国から入ってくる可能性はあります。

こうした先行き不透明な時代を生きるにあたって、コロナ禍という不安をプラスに変えた人は多くいます。

30代のC子さんは栄養士で、企業の社員食堂のメニュー開発を担当しています。その仕事に追われるストレスから、「自分へのご褒美」などと言い訳しながら服や小物を買いまくっていました。なぜ「言い訳」しながらなのかというと、彼女の部屋は、ストレス解消のために買い漁ったグッズであふれていたからです。

そうやってやり過ごしていた日常が、コロナ禍によって突然ストップしました。社員食堂の一時閉鎖、そして、自宅待機です。

最初こそ不安に襲われたものの、こんな機会はこの先二度とないだろうと、C子さんは、「部屋の片付け」をすることにしました。

すると今度は、**「捨てる」ことへの不安**に襲われたのです。

これを捨ててしまったら、また買うはめになるのでは？　それならば持っていたほうがいいのでは？　と不安になってしまうのです。

そんな不安を〝自信に変える打開策〟を見つけたきっかけは、チェストの引き出しの中の整理でした。そこから何年も前から保持していたパソコン関連グッズが、次々と出てきたのです。アダプター、コード、記憶デバイスなどなど。

デジタルが苦手なC子さんは、パソコンが壊れたときの不安を思うあまり、それらをずっと捨てられずにいました。でも冷静に調べてみると、そのほとんどが、もはや古すぎて使えないことがわかったのです。

パソコンが壊れたら不安だから……。そんな理由で、こんなにも大量のグッズを捨てられずにいたとは！

「これは自分の弱点であり、コンプレックスなのでは？　**長年、捨てられずにいるモノには、自分のコンプレックスが潜んでいるかもしれない**」

そう考えて部屋の中を点検していくと、確かにその傾向が見えてきました。

キッチンの大量の便利グッズは、「いつか仕事に役立つかも」という仕事への不安から買ったものが多く、クローゼットの肥やしになっている服は、体型への不安から、買ったものが多かったのです。

「二の腕が隠れるこのデザインは、なかなかないから……」「太ったときに着られるものがないと困るから……」

「やっぱり、こうやって**買い込んだモノが、自分の弱点を教えてくれている**」

そう気づいたC子さんは、モノを整理することが楽しくなりました。

捨てるべきものを発掘することで、自分の弱点を発見し、コンプレックスを克服できるような気がしたからです。

パソコン関係の「万が一グッズ」などなくても、不具合が起きたら自分で勉強するか専門業者に修理を頼めばいい。いざとなったら、自分には解決できる、と思うと、有能感が増していきました。

キッチンには、「仕事の役に立つ」からと買い込んだ〝まな板〟が何枚もありましたが、「どう役に立つんだ?!」と自分にツッコミを入れながら、どんどん廃棄していきました。こちらも、**捨てるほどに「そんなものがなくても、自分ならそのときどきでなんとかできる」という自信が深まっていきます。**

引き出しやキッチンが整理される気持ちよさに後押しされ、自粛生活が終わるころにはミニマリストを目指すほど、C子さんの部屋はすっきり片付いていていました。

長年、捨てられずにいるものを探してみてください。**不安の元となっているコンプレックスを洗い出すことができるはずです。**また、それを整理すれば、自信を得て、コンプレックスを克服することも叶うのです。

片付かない場所に、不安の原因は潜む。

「〇〇は気にしない」ラグビー日本代表選手の一流の決意

2019年、日本中が熱狂したラグビー・ワールドカップの日本大会。

あの大会で日本代表の8強入りに大いに貢献したパナソニックの福岡堅樹《ふくおかけんき》氏が、コロナ禍のせいで開催が1年延期された「東京オリンピックへの出場を断念することを決断した」というニュースが入ってきました。

ラグビー・ワールドカップのあと、彼は2020年に予定されていた東京オリンピックでセブンズ（7人制ラグビー）への出場を目指しており、それが終わったら、医学部進学のために集中して勉強するという人生計画を立てていました。

しかし、コロナ禍の影響で、その計画を大幅に変更せざるをえなくなったのです。

「自分でコントロールできることと、できないことがある。今回のコロナ騒動は自分ではどうしようもないことだ」

コロナによる自粛期間中、彼はこのように考え、心を平静に保つよう努力をしていたと言います。

もし福岡選手に、医学部進学という志がなければ、オリンピックに出場することを優先し、この待機期間をラグビーの練習に大いに有効活用したはずです。

しかし、彼は長い人生全体を俯瞰《ふかん》して、こう判断したのです。

「オリンピックを諦めれば、多くのファンを失望させることは必至だ。自分にとっても、オリンピックという夢の大舞台を諦めるのは苦しい決断だ。でも、今、勉強しないと医学への道は遠くなる。パンデミックの収束はコントロールできないが、**自分の将来は自分でコントロールできる。**そして、自分の将来をコントロールすべきときは、まさに今だ」と。

こう書くと簡単に決断したようですが、実際には、自粛期間中、ラグビーか進学かで大変に悩んだことでしょう。決断するときは、断腸の思いだったはずです。

そんな福岡選手の思いがファンにも伝わったのでしょう。

発表当時のファンたちの、引退を惜しむ声はすぐに苦渋の決断への賞賛や、「福岡、頑張れ！」というエールに変わりました。

「自分ではコントロールできないこと」を嘆き、心配することは、せっかくの自分のエネルギーを殺《そ》ぐことにほかなりません。しかもそれは、未来の可能性をも殺ぐことにつながります。

いくら自分が頑張っても、どうしようもない現実はあるものです。選手たちがいくら、オリンピックを開催してほしいと主張しても、現実的には、感染状況によるところが大きく、どうにもなりませんでした。

そうした不可抗力の状況に多くの時間やエネルギーを費やしても、状況が変わらないことへの焦りと不安、無力感が募り、自己否定につながるばかりです。

こういう場合は、諦めが肝心です。どうなっても自分のせいではないのですから、**「なるようになる」**、というぐらいの気持ちが大切です。そして福岡氏のように、自分の力が及ぶことに集中することです。

自分の未来は、自分の手の中に。

職場環境がガラリと変わることへの不安をどうするか？

事務職のA子さん（女性・30代）は、コロナ自粛が始まって以降、リモートワークをすることになりました。

通勤ラッシュもなく、苦手な上司にも会わなくてすむ……。ストレスがかからず、むしろ気が楽だと嬉しく思っていました。ところが、日がたつにつれ、**リモートワークとは、そんなに気楽な働き方の環境ではない**と気づきました。

自宅と会社をインターネットでつなぎ、パソコン画面を通して会社とやり取りするため、パソコンの向こうにいる上司に見張られている気がします。

画面を通じて進行状況を確認されていて、トイレに行くためにパソコンの前から離れるだけでも、サボっていると誤解されそうで気になります。実際、席を外して画面から姿を消したら上司に不機嫌なそぶりをされたことがあったので、次第にパソコン自体に見張られているような気さえしてきました。

人の感情や表情に敏感なＨＳＰ気質のA子さんには、パソコンを通しても相手の「気＝エネルギー」がひしひしと伝わってきます。パソコンでは苦手な相手の顔もアップで迫ってくるのも不愉快要素のひとつです。

メールでのやり取りも増えましたが、文章を書くのは得意ではないし、文章にまとめる以前に、自分の考えをはっきりさせることの少なかったA子さんには、自分の意見を明確にすることも気が重い。

リモートワークを円滑に進めるには、従来とは違うコミュニケーション能力が必要だと痛感して気持ちが沈みます。

また、週に何回かの出社日は、慣れない仕事環境を余儀なくされた上司の苛立ちが伝わってきます。今まで、いちいち言葉にしなくても、その場の空気やそぶりで伝わっていた指示も、しっかりとした見通しを持たせた明確な言葉で伝えることが必要となったからかもしれません。

こうした不安にどう対処すればいいのでしょうか？　対策は、次項で。

多くの人が同じ不安を抱えている。

変わる職場環境にもどーんと構えていられる心の整え方

前項の事務職のA子さん（女性・30代）の悩みへの対処法です。

A子さんの職場にかぎらず、コロナ禍をきっかけに、オフィスの規模を縮小し、テレワーク主体に移行する企業は増えました。たとえコロナ禍が収束しても、以前のような働き方に戻ることはないとも言われ、コミュニケーションの方法など、あらゆるソフト面が今後、どんどん変わっていく可能性があります。

この変化をきっかけに、新しいやり方を考え出す人や企業と、変化に対応できずに不安を増幅させる人や企業に分かれていくでしょう。

こうした社会情勢の中で、あなたの仕事にケチをつける上司もまた、不安なのかもしれません。先行きの見えない状況下でも、上司という立場なだけに、はっきりと事業計画や指針を示さなければならないプレッシャーがあるでしょう。上司が中間管理職であれば、ただでさえ、下からも上からも押されて辛い立場なのに……。

つまりは、上も下も不安、不安、不安――。

こんなふうに世の中全体が不安になっているときは、まずは自分自身の肩を回して力を抜き、緊張をほぐしましょう。

大きく息を吐き出すことも、心の不安を取り除くのに有効です。

それをしたうえで、**周りを俯瞰**します。

自分の感情も他人の感情も、ちょっと距離を置いて客観視するのです。

目の前に起こる出来事に、条件反射的に反応して不安になるのではなく、**何が原因で、何が起こっているのか、全体を捉える**のです。

視野を広くして、自分や自分の周囲だけではなく、世の中全体が不安を抱えているのだと、あらためて意識してください。

そうやって全体を眺めたうえで、上司もその社会の一員としてとらえれば、上司だって不安なのだろう、彼なりに大変なのだろうな、と思えてくるはずです。

原因はコロナ。はっきりしているではないですか。そして、コロナ禍は、あなたやあなたの会社だけでなく、日本人共通、いや世界共通の出来事です。ある意味、みんな同じ運命を強いられた運命共同体の中にいます。もちろんあなたも、その運命を共有し、乗り越えていこうとしている仲間のひとりです。

このように、問題を広く大きな視点からとらえてみると、「みんな大変なのだから仕方ない」「そんなに騒ぎ立てる必要もない」と、心がどっしりとしてきます。

そうやって、どっしりと落ち着いた目でとらえた変化をいい刺激にして、これからの会社や自分がどう変わるのか、前向きに考えるのです。

また、上司が口うるさくなってきたなら、**上司が何に不安を感じているのか、わかる範囲で知ろうとする**努力も大事です。

どうしてもわからなければ、もうコロナと同じ自然災害と諦め、息をひそめて嵐が過ぎ去るのを待つ——**そんな上司には何を言われてもスルーを決め込む**というのも選択肢のひとつです。

大丈夫です。そんなふうに下の者に当たり続けるような上司は自滅していきますので、遠巻きに見ていましょう。

頻繁にイラついて怒る上司は、それだけ大きな不安を抱えています。あるいは、そもそもの器（＝キャパシティー）が小さいという場合もあります。

いずれにしても不安はうつるので、そんな相手の不安に巻き込まれないことに集中！　です。その方法については、あとで詳しく述べます。

変化の激しい世の中で、慣れない仕事や働き方にとまどい、上司など他者の不安がうつりそうになっている人は、あえて自分が好きな別のことに集中するのは、よい方法です。特にＨＳＰ傾向のある人は、集中することが得意なはずですから、その特技をぜひ生かしてみてください。

✓ 誰かの不安に感染しないよう集中！

「マイナスのカード集め」の密かな快感に溺《おぼ》れない

不安や恐怖に直面すると、脳の中では、嫌悪や不安を処理する扁桃体や帯状回《たいじょうかい》が反応します。興味深いのは、その嫌悪や不安を思い出すとき、快感を司る側坐核《そくざかく》もわずかに反応するので、ある種の気持ちのよさが、同時に生まれていることです。

これが度重なると、脳は不安を味わうことがクセになり、不安を煽《あお》るようなネガティブな事象ばかり集めるようになっていきます。

嫌なことが起きたときに「やっぱりね」、次はどんな嫌なことが起きるだろうと、マイナスの出来事を意識的に集めてしまうのです。これを〝マイナスのカード集め〟と私は呼んでおり、特にＨＳＰの人はそれが強い傾向があります（これについては、拙著『敏感すぎて苦しい・ＨＳＰがたちまち解決』（三笠書房《知的生きかた文庫》）を参照してください）。

こういう人は、「マイナスのカードを集める」こと自体に快感を覚えているのです。

脳のしくみは厄介で、嫌なことなのにそれを何度も思い出してしまうのは、その嫌なことを思い出す行為を楽しむ気持ちがどこかにあるからです。

そして不安という暗闇を見つめすぎると、その暗闇に飲み込まれて身動きが取れなくなってしまいます。でも、自分が、マイナスのカードを集めていると気づいたなら、必ず治せます。そのクセを逆手に取って、「プラスのカード集め」に変更すればいい。

脳には、ＲＡＳ《ラス》効果という、ひとつのことにこだわると、それが頭を離れなくなり、同じ類のものばかりを次々と集めはじめるフィルター機能があります。

たとえば赤い色のものを意識して周囲を見渡すと、赤い色のものばかりが目に飛び込んでくるという機能で、つまりは、コレクター的な思考回路です。

この脳の機能は、大きなことを成し遂げる際には、必要不可欠です。

不安になりやすい人は、ひとつのことにとらわれる傾向が強いということであり、その傾向を、「成功するために必要な材料集め」などに使えばいい。

やりはじめると何時間でもずっと続けてしまう、「過集中」の傾向をうまく利用して、ネガティブな習慣や欲望をコントロールしている人もいます。

ゲームなどがやめられない場合、トイレに立つとか食事をとるなど、自然にゲームを中断せざるをえないタイミングを利用して、そのまま別の作業、たとえば読書などに移行すれば、うまい具合に夢中になる傾向が発揮されて、自分にとってよくない習慣を容易に望ましい習慣に置き換えていけるはずです。

✓ 自分に好影響なものを集めよう。

CHAPTER 2

お金の不安が、たちまち解決！

お金が増えても、なぜ、お金の不安はなくならない!?

生活を切り詰めているのに、ぜんぜんお金が貯まらない。

人生にお金の不安は付き物でしょう。よほどの資産家の家に生まれた人でもないかぎり、お金の不安を感じたことのない人など、まずいないのではないでしょうか。

多くの人はお金に対して不安を抱いていますが、お金には、「これだけの金額を持っていれば不安にならない」という基準はありません。

お金に不安がある人が、お金をたくさん得れば不安が解消されるかというと、そうではないのです。**お金の不足という不安が減ったとしても、また別の不安が頭をもたげてきます。**

仮に資産家になったらなったで、今度は持っているお金を失うことを不安に感じ、それをどう管理していくか、どうすれば、犯罪者などのターゲットにならないようにするか——と悩むことになるのです。

そして、もっともっとお金を増やさなければこの不安は解消できないと投資に明け暮れ、日々の相場に戦々恐々として神経をすり減らす人や、生活に困らないだけのお金はあるのに、体を壊してまで働く人もいます。

日本人は特にその傾向が強い——まずこれを覚えておいてください。

日本人の預貯金額の多寡《たか》は、年齢にはあまり関係ありません。

社会人経験が長い中高年のほうが貯金額は高いだろうと思いきや、ローンや教育費に圧迫されて、若者よりも中高年のほうが預貯金は少ない、というデータもあります。

よほど人生設計がしっかりしている家庭以外は、「今の貯蓄額に満足している」という言葉は出てこないでしょう。

「日本人は不安遺伝子を持つ人が多いようだ」と前述しました。そうした遺伝子があることが、お金のあるなしに関係なく「幸福度」や「満足度」を下げることに加担しているとも言われます。

贅沢《ぜいたく》さえしなければ食べるものや着るものは豊富にあり、便利なものに囲まれ、今すぐ命の危機にさらされるほど日々の暮らしに困窮している人が多くはないのが今の日本です。

自分だけが、「満足いくほどのお金がない」というわけではないのです。

そうした事実を知っても、それでも不安になる人は、「もっと欲しい」「もっともっと」という、果てしない欲望に振り回されてしまっています。

今、食べるもの、住む家があることに感謝をしてみてください。有難いなあと思うことで、「もっと貯めなきゃ……」という余計な焦りや不安は、確実に消えていきます。


感謝で貪欲さは消せる。

「素敵な暮らし」という幻想に踊らされない

贅沢をしなければ、日々の食べるものにも事欠かない。しばらく生きていけるだけの蓄えもある。それでも「幸福」だと感じないのは、**多くの人が「よりよい生活」という、高すぎる理想やイメージに振り回されている**せいもあるでしょう。

「よりよい生活」というイメージの底には、商品を買わせたい企業や周囲からのマウンティングなどさまざまな思惑が潜んでいます。

私自身、大学の医学部を出て、伴侶にも恵まれ、子どもも、その都度悩みはあったもののとにかく無事に育ち、社会人としても家庭人としてもそれなりの居場所を得ることができました。傍《はた》から見れば、「恵まれている」という以上の環境だったと思います。

しかし、そんな私でさえも、ずっと「うつ」に悩まされてきました。何度も本に書きましたから、ご存じの方もいるでしょう。浜松医科大学医学部附属病院という、それなりにステイタスのある大学病院に勤務できた私は、他人から見れば、何の不満があるのかと思えるような恵まれた環境に囲まれていたかもしれません。

しかし実際には、それでも私は、悩み続けました。日本人である私は、多くの日本人と同じ不安になりやすい体質だったということだと思います。

「自分なんかよりもっと立派な人がいる。もっと幸せな人がいる。自分はなんてダメな人間なんだ……」と、今勤めている大学を辞めて医師免許も返上し、初心に戻って医学部をやり直そうかとまで思いつめたのです。

つまり、どれほど、お金やステイタスがあっても、人間は、不安になる生き物だということです。**うなるほどの資産を手に入れたとしても、今と同じく、「高すぎる理想や幻想に振り回される思考回路」であるかぎり、決して、不安や苦しみは尽きません。**不安を消すカギは、考え方にありそうです。

商品を買わせたい企業の広告戦略にも注意。

実態とズレた「数字のマジック」に振り回されない

もう若くないのに預貯金が少ない、コロナ不況で仕事にあぶれそうだ、物価高で老後のお金が心配……そんな人は多いでしょう。

しかし幸い、日本には雇用保険や年金、生活保護といった社会保障制度があります。そうした制度に、一部問題があることは私も知っていますが、少なくとも日本は、お金がなくて明日食べるものがない人をほったらかしにする国ではありません。

それなのに、**必要以上に貯金額の少なさに不安を抱いてしまうのは、よくある「何十代の平均貯金額」といったデータと比較しているから**ではないでしょうか。

他人と比較すれば、余計な不安を抱くだけです。

ああした統計データは、数万人にひとりといった、極めて少数の超富裕層の存在によって平均値が大きく引き上げられている傾向があります。よって、最も多くの

人が占める、いわゆる最頻値《さいひんち》の貯金額より高くなっていることが往々にしてあります。まずは、そうした「データのゆがみ」を知ること。そして、同じ比べるなら、自分より恵まれて見える人ではなく、明日食べるものもないような人が大勢いる国の人たちに思いを馳《は》せてみてはどうでしょうか。

今、戦地となっている国々、社会保障もなく、病院に行けば治療費は全額自費負担、水も安心して飲めない……そんな国の人々にとって、日本がどれほどうらやましく映るかを感じることも、**謙虚さを取り戻して幸福感を上げるひとつの方法**でしょう。

気候変動や自然災害の多発に伴い、これから世界中の経済環境がより厳しくなることが予測されています。今抱いているお金の不安は、贅沢な悩みだったと思う日がくるかもしれません。

今までの生活を見直し、「もうこれ以上、何が欲しいのだろう。欲しいモノはない」と気づいた人もいますので、ご紹介しましょう。

✓ どんなに不満な状況にも恩恵はある。

最低ラインを計算したら、お金アレルギーが、アッサリ解決した

　コロナによる自粛期間中に、我が家は最低、いくらあれば生活していけるのかと、計算を試みた主婦がいます。

　彼女はいつも「お金が足りない」と不安な人でしたが、コロナ禍でいよいよパートの収入もなくなり、生活を見直して無駄を洗い出さざるをえなくなったわけです。

　夫の外食費やコンビニでのちょこっと買い――などの細かい出費を抑え、できるだけスーパーでまとめ買いをするようにして買い物をする回数も減らしました。

　外食は高くつくので、できるだけ家で簡単に作れる栄養のある料理を工夫しました。いざやってみると、レトルトや出来合いのお総菜を買うより、旬の野菜を使って自炊するほうが、財布にも体にも断然いいことがわかります。

　また、頻繁に買っていた百均グッズも、塵も積もれば多額の出費になるとわかり、

こうした支出にまつわる小さな気づきを得ることが、いつしか彼女の楽しみになっていました。

1カ月後、出費総額を計算してみると、数万円単位で減っていました。

「なんだ、これだけあれば生きていけるのか」

拍子抜けするほど、ほっとし、安心したと言います。

それ以来、彼女の「お金への不安を抱えながらも、お金のことは考えたくない」というお金アレルギーも消えました。

夫にもそれを説明し、自粛が解除されても、「あなたの健康が心配だから」と一言添えて「できるだけ外食は控えてほしい」とお願いしました。以来、夫も外食を控えるようになり、メタボへの不安も減って一石二鳥になったといいます。

どんな時代も変化していきます。

コロナ禍の影響で、飲食業や宿泊施設は「去年の売り上げの1割」などと騒がれた時期もありましたが、一方、デリバリー業などは大盛況でした。

コロナ禍がなかったとしても、時代に遅れた仕事はなくなり、新しい仕事は生まれていたでしょう。コロナ禍は、その変化がハッキリと目に見えるほど急速に起こっただけです。そして、こうした変化をチャンスと捉える人は、確実にいます。

日本中が好景気に浮かれていた時代には、他人の派手な生活と比べて不安になる人が多くいました。

今は逆に、周りの景気落ち込みが報道されて、多くの人が不安になっています。

そして、好景気のときに贅沢をして飽食に明け暮れていた人の多くが、十数年たった今、痛風や糖尿病という生活習慣病に苦しんでいます。そう考えると、好況だとかお金があればすべてよし、というわけでもないことがわかります。

禍福はあざなえる縄のごとし。今、**不況下で不安だったとしても、私たちは、確実になんらかの恩恵にあずかっているはず**なのです。今は「生きているだけでよし」とすべてに感謝をしていく時代だと思うといいかもしれません。

工夫して楽しむことが人生。

プロマーケターは見逃した!? お金の不安の背後に潜む〝真の不安〟

未婚女性には、仕事の合間に時間を見つけては海外旅行に行く人が多いようです。そんな自分のために自由にお金を使える20代、30代の女性は、マーケットの重要な購買層になっています。

そしてマーケティングの世界では、彼女たちは「将来の幸せのための投資――よいパートナーを見つけることや、よりよい仕事を見つけることのためにお金を使う」と分析されています。

ところが、マーケティング分析で導かれた「将来の幸せのための投資」という目的と、彼女たちの実際の目的は、私の知るかぎり、かけ離れているのです。

たとえば、ゴールデンウィークに海外旅行に行く女性の場合。

語学の勉強にもなるから、今しか行けないから、キャンペーン中でおトクだからなど、表向きはもっともな理由を挙げていますが、**本音は、〝ひとりで長い時間を過ごすのは苦痛だから、不安だから〟**という人が多いのです。

高級ブランド品を買うのも、**将来の幸せへの投資というより、〝ストレス発散のため〟〝自分が惨めではないと証明するため〟**というケースが多いようです。

つまり、上辺はリッチで颯爽と自由を謳歌しているように見えても、彼女たちもまた不安なのです。特に、今より上を目指す上昇志向の強い人は、精神的にも常に不安定です。

知人のいかにもリッチな風貌の女性はその典型で、海外旅行に行っては預貯金が減った、高級ブランド品を買っては「こんなに高いものを買っていいのかしら」と不安になっています。

お金を使っても不安になり、また、使わないでいても不安なのです。

こうした人たちは、一見、「お金への不安」を抱いているようですが、その根底には別の問題が隠れています。「仕事への不安」や、「家族関係への不安」、あるいは「恋愛への不安」など、さまざまです。

あなたも、ここでひとつ、今自分が抱えている「お金への不安」は、本当にお金の不安なのか、それとも原因はほかのところにあるのか、じっくり考えてみましょう。

そして、もし、別の問題に気づいたなら、それに向き合ってみましょう。

ことさらにリッチに見せる必要はない、今のままでも惨めではない、飾る必要はない、ひとりでいることに不安にならなくていいとしたら、どんな気分になるでしょうか？

他者からよく見られたいという見栄や、他者との比較心を捨て、ありのままを有難く受け入れるようにすると、お金のへの渇望が消えて、不安も和らぐはずです。

欠乏感の原因は別にあるかも。

CHAPTER

3

人間関係の不安が、たちまち解決！

“吸血鬼”にコントロールされるせいで生まれる不安もある

世の中には他人をコントロールすることで自分の力を誇示し、喜びを感じる厄介な人がいます。拙著『敏感すぎて苦しい・HSPがたちまち解決』（三笠書房《知的生きかた文庫》）でも紹介した、**「エネルギーバンパイア」**と呼ばれる人たちです。

私自身も経験がありますが、HSPの気質の人は、自分に対して悪意を持つ人物に関わると気分が悪くなり、部屋の空気が変わるのがわかります。メールや電話でもこの悪意は伝わり、彼らの声を聞くだけでどっと疲れて気分が悪くなります。

気をつけたいのは、あなたに対して敵意をあらわにしてくる人ばかりが、エネルギーバンパイアではないということ。

「お茶でもいかが？」「何か心配なことはない？」などと、やたらと親切に気遣ってくる勤続年数の長い人や、面倒見がよくて人当たりのいい人の中にも潜んでいます。

エネルギーバンパイアの他者をコントロールする方法は、年季が入って巧みです。親切にすることで自分の言うことを聞かせ、人を支配したいと思っています。そしていざ、相手をコントロールできないとわかると、「敵」と見なし、態度を一転させ、いじめや攻撃を始めます。陰湿なタイプなら「何気なく悪口を言う、輪

から外す」「これ見よがしに無視する」などによって、相手を嫌っていることをアピールし、周囲を引き込もうとする。攻撃的なタイプなら、自分の能力を誇示するかのように、「これ見よがしに皆の前で失敗をあげつらう」「大声で叱る」。

すべての生き物は「生命磁場」というオーラを持っていて、お互いが影響し合う、という考えをイェール大学のハロルド・サクストン教授は提唱しました。

彼は、人間は疲れや不安になることで自らのエネルギーを消耗するので、それを子どもなど自分より弱い人間をコントロールすることで補おうとするといいます。

そして、エネルギーを奪われた子どもや弱い人もまた、さらに自分より弱い者をコントロールすることで、自分のエネルギーを満たそうとするといいます。

たったひとりのストレスが、波紋のように次々と周囲に広がっていくのです。

心理学者アルフレッド・アドラーも、これについて「人をコントロールしたりされたりする関係が、人間関係を悪化させ、不安を呼び込んでいる」と看破しました。

エネルギーを吸われないように！

「それは私の問題じゃない！」という発想

自分が、相手と同じかそれ以上に不安や恐怖を抱えている場合、相手が抱いている不安が、あなたに伝染し、増幅することもあります。

音でいうと共鳴、電気でいうと共振です。

振動数の等しい音叉《おんさ》の一方を鳴らすと、もう一方も激しく鳴りはじめます。ある振動体が外部から等しい刺激を受けると、振幅がどんどん大きくなっていきます。

こんなふうに相手の不安の影響を受けて、不安を増幅させることを避けるには、自分の問題と他人の問題をしっかり区別することが必要です。

いくら同じ職場や家族の一員であっても、相手は自分とは違う別の人間です。

ですから、**他者の不機嫌や問題に振り回されそうだ！　と気づいたら、その都度、すぐさま「課題の分離！」と唱えましょう。**

「課題の分離」とはアドラーの教えで、「相手の課題」と「自分の課題」を分けることを言います。

たとえば、他部門との問題で不機嫌になっている部長が、当たり散らしてきたら、「課題の分離！」と唱えるのです。これで、「それはあなた（この場合は部長）の問題であって、私の問題ではない」とハッキリと線引きし、意識することができます。

線引きしなければ、ズルズルとアリ地獄のように相手のペースに引きずり込まれ、相手の機嫌を直すために、あなたが問題解決のために奔走するはめに陥ります。

「あっ、エネルギーを吸い取ろうとしている！」と気づいた瞬間に、線引きさえすれば、ひとまず引きずり込まれることを防げます。

島国で村社会的な同調圧力が強い民族である日本人は、「人は人、自分は自分」と線引きをすることが苦手だからこそ、「他人の意のままにならないぞ」と強く意識する必要があります。

他者の不機嫌は、線引きする。

「上司に嫌われているかも」という不安をパパッと解消する方法

職場の人間関係にまつわる不安にも、「原因がわかっている不安」と「原因がよくわからない漠然とした不安」の両方があります。

20代のK君は、職場の上司に嫌われているような気がして仕方がありません。上司に書類を提出したときも、たとえば印鑑の朱肉の色が薄い、曲がっているなどと、間違いでもなく、K君にはどうでもいいと思える細かい点を指摘してきます。

ほかの人にはどう接しているのか？　と密かに観察してみると、そんな細かい指摘はしていないようです。

自分だけに逐一難癖をつけてくる上司と接していると、この上司がいるかぎり出世はできない、嫌な思いをすることが続くかも……と、K君の不安はエスカレートしていきます。どうしたらこの不安を払いのけられるのでしょうか？

ちょっと場面は、変わりますが、家族や恋人などの間でも、「誰がこんなところに置いたの?」という一言から、「だから何だ!?」「いつも言っているでしょ!」「置くところがないんだからしょうがないだろう!」と……、どんどんお互いの苛立ちがエスカレートしていった経験はないでしょうか?

なぜエスカレートするかというと、人の感情はうつるうえに、増幅するからです。

相手の感情がうつって、自分の感情が増幅することは、人との境界線が薄いと言われるHSPの人には、特によく起こります。HSPに特徴的な脳の機能が、相手の不安や恐れを、自分の感覚として受け取ってしまうからです。

その証拠に、何事も冷静に対処する人の前では、同様に、冷静に対応しています。

先のK君の場合、上司がうるさく言うのが、K君だけに対してだけのようです。ならば、それは、上司にもHSP的な気質があって、K君の不安や、K君の(上司に)嫌われているかもしれないという恐れが、上司に「うつっている」可能性はあります。

お互いが、お互いの感情を増幅させているかもしれません。

でも、増幅するのは不安ばかりではないのです。好意の増幅もあります。

「私の気持ちをわかってくれるのはこの人だけだ」と、好意や恋愛感情、優しさなどもうつり、増幅していきます。

ですから、対処法として、一度、(嘘でもいいから！) 相手に好意的に接してみましょう。具体的には、相手の言葉を認め、相手の言葉を反復します。

「確かにおっしゃる通り、ハンコが薄すぎますね」

こうした対応を、一回だけでなく、しばらく続ける。

小さなことがきっかけで、「案外いい人だな」とお互いに認め合い、好意が芽生えて、次第に距離が縮まったという経験をしたことはありませんか？

戦略的に、それを目指すのです。

好意の増幅をうまく使う。

「部下とのコミュニケーションがうまくできない」なら、この一言

有能なカウンセラーは、カウンセリング中に、患者の言った言葉をよくそのまま繰り返しています。

「私はもうダメです」

「どうして、こんなに悪いことばかり考えてしまうのでしょうか」

患者のこうした言葉を否定することもなく、質問にも答えません。

「そうなんですか。もうダメですか」

「どうして悪いことばかり考えてしまうんでしょうね」

すると患者は、繰り返された自分の言葉に反応して、次々と言葉を紡いでいきます。

「私がマイナス思考なのは、〇〇のせいかもしれません」

相手の言葉を反復する行為は、相手に強い興味や関心があることを暗に示します。

言葉を覚えはじめたばかりの幼児が何かに驚いたときに、幼児に向かって、親が「びっくりしたね!」と語り掛けると、幼児は、その言葉の意味がよくわからなくても、「びっくりしたね!」と、そのまま真似ることがあります。

これは、幼児が言葉を獲得するための過程ですが、同時に、相手への絶対的な信頼を表す行動でもあります。

学術的には、何か意味のあることを伝えようとする会話以前の会話を、「交話的コミュニケーション」と呼んでいます。ある学者は交話的コミュニケーションの例として、新婚夫婦や老夫婦の会話を挙げています。

「あなた、いい家ね」

「そうだね、いい家だね」

「ここであなたと暮らせるのね」

「そうだよ、暮らすんだよ」

これは新婚夫婦の会話ですが、お互いに信頼し合っているのが伝わってきます。

「おばあさん、葉っぱが黄色くなってきたね」

「そうですね、黄色くなってきましたね」

「だいぶ寒くなってきたね」

「寒くなってきましたねえ」

　こちらは老夫婦の会話ですが、長い年月、ともに歩んできた関係を感じさせます。世界的に名高い映画監督・小津安二郎は、こうした交話的な会話を駆使して、夫婦や恋人の愛情を表現した初めての監督ではないでしょうか。


　苦手な年下の部下と接する際は、ぜひこの話法を試してみてください。

「B課長、昨日、○○のコンサートに行ったんですが、ヤバかったすよ〜」

「そうなんだ、ヤバかったんだ」

「昨日のドラマのあいう人がお客にいたら、ほんと、仕事頑張っちゃいますよ」

「そうか、頑張っちゃうのか。それはいいね」

　世代が違うと、言葉遣いも興味の対象も違ってきます。無理して興味の持てない彼らの話に合わせてドツボにはまるよりも、ただ相手の言葉を反復すれば、そつなく、簡単に信頼や肯定していることを伝えられます。

相手の言葉の反復で、信頼を伝える。

神経に障り、仕事に集中できない不快な声や匂いは、シャットアウト

不安感が強い人や敏感な人にとっては、視界に入ってくる人の不快な動き――貧乏ゆすり、あくび、しょっちゅう身体を動かす――などが気になって仕方ないことがあるものです。たとえ目の前に仕切りがあったとしても、その不快感が目の前の仕切りを通り抜けて向かってくるのです。直接に嗅いでいるわけではないのに、汗かきの同僚の汗を拭く動作から、その匂いが伝わってくることもあります。

こんな体験をすると、敏感なＨＳＰの人は、不安すぎて自分は変になったのではないか？　と思いがちですが、**こういうときこそ、自分を客観視し、「また起きたな、珍現象！」と気楽に思っていましょう。**

私自身も、経験があります。電車の中で化粧している真向かいの席の女性を何気なく眺めていると、相手がふと顔を上げてこちらを見ながら、「何、見てんだよ！」

と凄んだのです。

びっくりした私は思わず隣に座っていた女房を見ましたが、彼女は平静なまま。私にだけ彼女の声が聞こえた、いや、聞こえたように感じたのです。

自分はそういう気質のある人間なんだと自覚するだけで、気持ちのあり方はだいぶ違ってきます。だから一日一度は、自分はＨＳＰ的気質を持った人間なんだと意識するといいでしょう。

そう自覚することに加えて、現実的な対処法として、**不快なオーラを感じる人が視界に入らないようにすることは有効です。**

たとえば、席の場所を変えてもらう、デスクのフリーアドレス化を提案するなど。

その際は、理由を正直に告げる必要はなく、ほかの席のほうが落ち着いて能率が上がるとか、もっともらしい理由をつけると角が立ちません。それさえ言えない人は、衝立に自分の好きな景色や癒される動物写真などを貼るという方法もあります。

もっともらしい理由をつけて離れよう。

「がみがみ言われて不安になるなら、こう言い聞かせる

ある企業に勤めるAさん（男性・32歳）は、部署が変わってから上司に注意、叱責されることが増え、いじめに遭っているのではないかと不安になっています。

そのせいで、仕事に区切りがつくたびに、ひと息つきにデスクから離れ、喫煙場所に行く回数が増えてしまいました。

憂鬱な気持ちでデスクに戻るAさんですが、たまたま、その上司がほかの人を注意していたのを見て、あることに気づきました。

その上司の声です。

すぐ隣にいるのに、がみがみと頭ごなしに自分の思いをまくしたてる少し高い声、キツイ口調、有無を言わさない早口。ちょっとでも歯向かうなら許さないぞという威圧感。周囲も息を呑んで様子をうかがっています。

そのがみがみ声に圧倒され、傍観しているAさんにさえ、叱責の内容が頭に入ってきません。

「そうか、自分は、あの大声がとてつもなく嫌な気持ちを掻き立てることに圧倒されて、彼が何を言おうとしているのかに気がいかなかったんだ」

そう気づいたAさんは、彼のカン高く、がみがみしたしゃべり方を頭の中で差し引いて、音声抜きの言葉の内容のみに集中するようにしました。

そうやって内容に集中しているうちに、不思議と不安はなくなっていました。

「何度も言っているのに、まだわからないの⁉」

親が、何度同じことを説明しても、子がなかなか理解できない場合、そこには、子どもなりの理由があるものです。

幼い子どもは、親の意向を、その言葉よりも、それを言うときの声色や表情といった態度で理解します。大人が威圧的な大声で叱って、すぐに子どもが大人しくなるのは、叱られた理由を理解したからではなく、その恐ろしい態度に怯えているだけの場合が9割。説明自体が下手な場合もありますが、**大人の威圧的な声の大きさや表情、感情に怯えて、説明内容が頭に入ってこない**という場合がほとんどです。

結果的に、その子どもは、叱られた理由をよく理解できないまま、不安な感情だけを育てていくことになります。

そして目の前の親をはじめ、自分の生存権を左右する人間の顔色をうかがうようになっていく。これがいきすぎると、「周りの空気を読みすぎる人」に育っていきます。

人一倍繊細なHSPと言われる人は、大人になっても、自分の中に純粋な「子ども」を抱えています。だから、自分自身に、「怯えなくていい、内容に集中しよう」と言い聞かせましょう。

内容に集中してしのぐ。

CHAPTER

4

浮気、ダイエット、片付け……の不安が、たちまち解決！

人の不安を馬鹿にするなかれ

「部屋が散らかるのが不安だなんて、微笑ましい不安ね」

「太ってしまわないか不安」なんて、日々の食べるものに事欠いている人から見れば、贅沢な悩みだ――ときに他人の不安は、大げさすぎると感じるかもしれません。

ですが、**不安というのは当事者でないとその度合いが測れないものであり、当事者には深刻な場合があります。**私も国立医大病院の研究者という、傍《はた》から見たら恵まれた立場にありながら、ダメだダメだと自己否定に陥った経験がありますから、「たかが片付けじゃないか」「痩せなくたって問題ないだろう」などとは、とても思えません。その人が不安なのは事実だからです。


当事者にしか、わからないことがある。

パートナーへの不安の影は、とりわけ実際よりも大きく見える

何気なく見てしまった夫のスマホ。特定の女性との親し気なメールのやり取り。妻K子さんの心のざわめきは、そのときから始まりました。

そのメールのやり取りを見て、夫から自分が空気のように扱われたことに、虚しさとショックを受けました。ただひたすら、子育てと家事をしていればいい、と言われたような気がしたのです。

怒りを覚えたなら、まだよかったでしょう。なぜなら、「怒り」は夫の存在を大切に感じているがゆえに覚える感情だからです。しかし、怒りを通り越して、それまで一生懸命にやってきた過去の時間すべてが馬鹿らしくなってしまったのです。

夫の匂いが気になりはじめたのはそのころ。

いきなり鼻につくようになったのです。最初は、夫の浮気を確かめようと、匂い

に注意を向けていただけだった気がします。しかし、香水や化粧品の匂いどころか加齢臭！　そんな年にもなったことに気づかず、浮気とは……。

一時期、思春期の娘が「お父さん、臭い！」と騒いでいましたが、K子さんは特に感じなかったので、「テレビでよくあるシーンだ。思春期の娘とはそんなもの」と流していました。ところが、まるで娘のように、突如として気になって仕方なくなってしまったのです。

K子さんは子どものころから匂いに敏感で、冷蔵庫にある傷みかけた食べ物をいち早く見つける「能力」がありました。**HSPの中には、音に敏感なタイプ、色に敏感なタイプとさまざまあり**、K子さんは、匂いに敏感なタイプだったのです。

夫の加齢臭の原因がわかったのは、夫から「もしかしたら早期退職するかもしれない」と告げられたときでした。夫は、仕事への極度の不安によるストレスから、体臭が変わってきており、彼女はその変化をいち早く感じ取っていたのです。

垣間見たメールのやり取りは、実は夫の昔からの知り合いの女性で、今はある企業の幹部になっていることもわかりました。転職の相談にのっていたようです。

「女性とのメール＝浮気」と思い込んでいた彼女は、ホッとすると同時に、「今は女性も活躍する時代なんだ、でも私は……」と、今度は別の面で落ち込むことに。

幸い、夫は転職先の目途《めど》がついていたので、K子さんは、ひとまず安心でき、「子どもに手がかからなくなったから、今から自分も何かやってみよう」と思うことができました。

パートナーへの不安は、実態よりも大きく感じるものだと、知っておいてください。**ほかの要素よりも、直接的に自分の生活に与える影響が大きいせいです。**

ただの事務的なやり取りだったのに、あまりにも妻にうるさく責め立てられて、腹いせに本当に浮気をした男性の例もあります。

不安は、あくまで不安にすぎません。証拠がないのに相手を責めるという〝ひとり相撲《ずもう》〟を演じて、自ら関係を破壊してしまわないことが、不安の強い人には、特に必要です。

「早とちりして自滅」に注意。

本当にダイエットしたい？「痩せたい」の奥に隠れている深層心理

「こんなに太っていたら、好きになってくれる人はいないだろう。だから痩せなきゃ。でも今まで何度もダイエットに失敗してきたから、できるかな？」

ダイエットにまつわる不安の奥には、人間関係の悩みや不安が隠れていることが多々あります。

そもそも、**「痩せたら好かれる」「痩せたらきれいになれる」ということ自体が、根拠のない思い込み**だといったら驚きますか？　でも事実、根拠はありません。しかも多くの男性は、痩せた女性より、ぽっちゃりタイプを好ましいと感じるというデータすらあります。

ダイエットに成功した人の多くが好かれるようになる本当の理由は、痩せたことによって、「自信がついたから」です。自信が人を魅力的に変える。

「自分は、ダイエットをやり遂げた」という自尊感情が、周りの人からの好感を得るのです。

現在は、「美しく太っている」渡辺直美さんやマツコ・デラックスさんなどが、好感度の高いタレントとして活躍しています。もちろん「私は、ああはなりたくない、苦手だ」と思う人はいるでしょう。でも、すべての人に好かれ、称賛される人なんていません。どんなに好感度の高いタレントや美人・イケメンでも、嫌う人は必ず出てくるもの。

痩せることで手に入るのは、「健康的な体」と「自分の満足感」です。痩せることと、好かれるかどうかは、また別の問題です。

そうやって、ダイエットによって得られる結果を冷静に見ると、ダイエットの必要性を感じなくなる人や、ダイエットできないことへの不安が、スッと消える人もいるはずです。

裏の願望に気づこう。

不安が吹き飛び、婚活や合コンが、俄然うまくいくコツ

しつこいダイエット願望に取りつかれていたある女性は、前項の私の話を聞いて、

「ダイエットより健康」

「痩せているから好かれるというわけじゃない」

しょっちゅうこのふたつの言葉を頭に浮かべ、口グセにもしていたそうです。

コロナ禍による自粛期間中は外食が自由にできなかったので、「おうちご飯」を実践していたところ、どんどん健康的になり、売っているお総菜の味は濃すぎると感じるようになっていきました。外食をはじめ、テイクアウト用に販売されている総菜類は、最初のひと口を美味しく感じさせるために、濃く味付けされています。

これは、ご飯をおかわりしたくなって食べすぎる原因でもあります。

彼女は、「痩せる」ことをいっさい目標にしなかったのですが、先の口グセと、

「おうちご飯」を実践しているうちに健康になり、体重は2キロ減りました。

こうした効果が嬉しくて、もっと効果を上げようと、ストレッチや運動をするようになったところ、それがまた気持ちよくて、今では薄味のご飯と運動のない日は気持ちがすっきり晴れないと感じるほどになりました。

それでスラリとしたわけではなく、むしろ、ぽっちゃり体型からだんだん筋肉がついてしっかりした身体になっていきました。が、それが嫌だと感じることは微塵《みじん》もなく、自信がつき、「痩せ型」はむしろ不健康だと感じるようになりました。

この事例のように、自分を安心させるフレーズをログセにして、平常心を保つ方法は、ダイエットのほか、いろいろな不安解消にも応用できます。しかも、結果的に望む以上の結果を得られる可能性も高い。

結婚を焦る場合は、「結婚したからといって幸せになれるわけではない」と唱える。

今付き合っている人はいるけど、その人と結婚に至るか不安になり、つい相手に詰め寄って関係をぎくしゃくさせてしまいがちな人は、「結婚したくなるほど、愛されなきゃ」などという思考が根底にあるはずです。

そういう人は、「この人と結婚する」ではなくて、**「この人といると楽しい」**と唱えましょう。

ついでに、婚活や合コンなどの不安を消すコツも、お教えしましょう。

こういうときに、「いい人を見つけなきゃ」「好かれなきゃ」と、不安や焦り、競争心が先に立つ人がいますが、それが逆に相手を遠ざけます。

まずは自分が楽しい気分で相手に接すること。そのためには、〝自分は好意を抱かれている〟と思い込んで、自然体で相手に接するのです。そもそも結婚生活とは、ありのままの姿を見せ合う場ですから、変に頑張ってつくろったら、遠回りになるだけです。自然に接してくれる人には、相手もリラックスして接することができ、いい関係を築く土台が準備できます。そして、相手に自然な好意を示す、「聞き上手になる」「相手の言葉に笑う」、などの反応をすることが有効です。

仮面を外して自然体でいよう。

「自分のために時間やお金を使う不安」を消す薬

末の娘にようやく手がかからなくなった主婦のGさんは、これで、やりたかったことができるし、行きたいところに行けると気持ちが弾む思いでした。しかし……。

「今度、あの温泉に行かない？」と、夫を誘っても乗ってきてくれません。

「行きたければ、誰か友だちを誘って行けばいいよ」

たまに食事をする友人はいますが、一緒に旅行したいほど仲がいい友人は、まだまだ何かと忙しい最中です。かといってひとり旅をしたい気持ちはありません。

結局、温泉旅行は諦めたGさんですが、毎日、だいぶ楽になった家事を早めに終えて、ゆっくりコーヒーを飲んでいると、なぜか不安になってきます。

「こんなにゆっくりしていいのかしら……」

「ほかにもっと大切なことをやり忘れていないかしら……」

ずっと家族優先で生きてきたGさんです。家のローンに子どもたちの教育費に日々の賄い。自分の服は我慢して、キッチングッズも百均で買っていました。たまにちょっと値の張るものが欲しくなると、「これは役に立つから」「家族みんなが使うから買ってもいいわね」と自分に言い訳していました。

つまり、それまで制約の中で生きてきた人が、いきなり自由にしていいよと言われても戸惑うばかりで、むしろ罪悪感を抱いてしまうのです。嬉しい反面、自由から逃げたいと願ったり、うつ傾向や倦怠《けんたい》感を示したりする人も珍しくありません。

エンジンをフル回転させて走っていた車がいきなり止まれないように、**目標を達成してしまうと、それまで目標を叶えるために注いでいたエネルギーが行き場を失い、今後は、内部＝自分の内面に向かいます。それにより、これまで考えなくてよかった内部の問題が表面化してくるケースもあります。**

自由に時間やお金を使えることは、本来なら嬉しいはずです。でもGさんがそのことに罪悪感を覚えるのは、どこかで自分よりも「人のために生きるほうが、立派なことだ」と刷り込まれ、それが絶対的に正しいと信じてしまったからでしょう。

この刷り込みを完全に払拭するのは大変ですし、また、払拭する必要もありません。自分よりも「人のために」と思う気持ちは尊いし、外国人が日本人のメンタリティを称賛するときにまず挙げるのは、そうした精神が発達している点ですから。

この日本人の良さはキープしつつ、自分の気持ちを優先することを覚えるのが、自由への不安や、自分に投資することへの不安を軽減させるコツです。

他人を尊重することは大切だけれど、自分自身も同じか、それ以上に大事――そう自分に言い聞かせ、まずは自分が心から気持ちいいと感じることを、どんな小さなことでもいいのでやってみましょう。

お風呂に入る、花を育てる、ゆっくり寝る、興味のあることをやってみる……自分が素直に「気持ちいいと感じる」ことに理由や理屈はいらないのです。

今まで他者にしてきたように、自分を大切に扱うことに慣れていきましょう。


他者と同様に、自分を大切に。

「片付け好きなのに、片付かない」という問題を解消するシンプルな方法

40代のFさんは、断捨離も片付けも大好きで、「片付けグッズ」に目がなく、「片付け」や「収納」と名前がついているグッズを見ると、つい手に取ってしまいます。

昨今は、「ミニマリスト」という、必要最低限のモノしか持たずに暮らす人たちがインフルエンサーとして、脚光を浴びています。そんな彼らは、フォロワーに「便利な収納グッズ」を紹介することで広告収入を得るアフィリエイトをしているせいもあり、日々、「便利な収納グッズ」を紹介しています。

そしてFさんは、それを見るたびに、欲しくてたまらなくなるのです。

ただ、値段が高いグッズは、欲しくても買うことはなく、代わりに百円ショップの収納グッズを買うことで我慢していました。

そんなFさんは、あるとき、自分の部屋に百円ショップの整頓グッズがあふれて

いる皮肉なありさまを見て、愕然《がくぜん》としてしまいました。

自分は片付けが好きなはずなのに、これはどうしたことだろうと。

神経発達症の傾向がある人や、HSPとのグレーゾーンにある人の中には、整理整頓をしないといられないタイプがいます。色や匂いに敏感で、部屋が整っていないと落ち着かないというこのタイプは、問題ありません。

ところが、**何かにハマるタイプ**で、たまたま片付けにハマったという人の場合は、話が別です。片付けに夢中になるもう一方で、収納グッズなどを買い集めることにも夢中になってしまい、家が収納グッズであふれるという矛盾した状態になることが出てきます。しかし、本人は、「片付け好き」だと自覚しているせいで、マッチポンプの状態に陥っていることに、気がつけないのです。

Fさんが不安を感じたのは、運よくそんな自分に気づいたからです。

このままでは、収納グッズに埋もれてしまう……。

このような「片付けにまつわる不安」を抱える人は、まずは**「自分が本当に必要**

な物」と、「片付けるために必要な物」とを分けましょう。

そして**しばらくは、どんなに便利そうなグッズでも、「片付けるために必要な物」なら、買わずに今あるものでやりくりする**――これを繰り返し、実行することです。

シンプルですが、それ以上増やさなければ、問題が大きくなることもありません。

元来、集中力があってハマりやすいタイプですから、そうしたポリシーに則って行動することに必ず面白さを感じてきますし、意外な発見も次々にすることでしょう。

そうすれば、「片付けているのに、片付かない」という大いなる矛盾も解消し、精神的な面でも、実用的な意味でも不安が解消していくはずです。

コレクター気質に要注意。

『東京タラレバ娘』に学ぶ、脳を自動的にポジティブ運転させる法

適齢期の女性をターゲットにした漫画を原作にしたテレビドラマ『東京タラレバ娘』が人気を博した時期がありました。

「もう少しきれいになっ**たら**……」

「○○になれ**ば**、幸せになれる……」

「あのとき、結婚してい**れば**……」

「彼がもう少しお金を持ってい**たら**……」

「もしこうだっ**たら**……」もっと幸せだったのにと、実現しなかった過去を嘆き、都合のいい妄想をふくらませてばかりいる、結婚適齢期を過ぎた女性たち。

そんな彼女たちが、あるとき、とある男性に**「そんな言葉ばかり使うから幸せになれないんだ」**と指摘され、自分たちの思考のクセを見直していくという物語です。

このドラマが示唆するように、**わけもなく不安を感じるのは、自分の口グセのせい、ということはありえます。**

というのは、口グセはその人の考え方や思考法を無意識のうちに表すものであると同時に、「思考を縛る」側面もあるものだからです。

「ダイエットしたい**のに**、できないかも」
「告白したい**けれど**、勇気がない」
「結婚したい、**でも**相手がいない」

この「**のに**」「**けれど**」「**でも**」は、自分の中の「何か」がその願望を邪魔していると、自分は思っているということです。

何が邪魔しているのでしょうか。不安、恐れ、恥ずかしさでしょうか。

実は、「不安」と「恐れ」「恥ずかしさ」の根本は同じものであり、この三つは、それがちょっと形を変えて表れたものです。喩えてみれば、「親が同じ、きょうだい」といったところでしょうか。

恥ずかしい思いをしたくないと恐れるから、不安になる——三つの感情の強さに強弱はあれど、いつもそろって一緒にいるのです。

「○○したいのに、○○できない」といった不安や恐れを表す言葉を発するのをやめて、希望や願望を素直に、ストレートに出してみましょう。

「ダイエットしたいな」

「告白したいな」

「結婚したいな」

それだけでOKです。

「のに」とか「けれど」は必要ありません。

「痩せたいな」と言っただけで痩せるわけではありませんが、願望を素直にはっきり表現することで、脳はその願望を達成する方法を探しはじめます。

「痩せたい！」……「じゃあ、痩せるためには何をしたらいいの？」

「部長になりたい」……「いつ、どうやって？」

「お付き合いしたいな」……どうやって気持ちを伝える？

きっと、思わぬいい答えが出て、行動できるようになりますよ。

思考を縛る口グセが不安を招く。

CHAPTER
5

返信がない！
しつこい不安が、たちまち解決！

「不安は解決したはず」なのに不安……タイプ別・解決法

直接的な不安の原因は何も思い当たらないのに、不安を感じる人がいます。

「普通の人」からしたら理解に苦しむ感情かもしれません。

でも、「あなたに何の不安があるの？」と、傍からはうらやましがられるような恵まれた環境にある人にも、不安は襲いかかってきます。意外なことに、金銭的にも愛情面でも恵まれているように見える人のほうが、不安は強い。

これにはいろいろ理由はありますが、大きく、次の三つの思考の傾向があります。

◆上には上がいる——を受け入れなさい

「完璧志向」の傾向がある人は、決して満足することはありません。満足しないから人一倍頑張りますし、その分、ステイタスや収入などを他者より多く手に入れているケースも多いでしょう。これが傍から見ると、十分に恵まれているように見える状況を生み出しています。でも、世の中に完璧な状態も完璧な人もいません。どんな人にも、その人より優れた部分を持つ人はいるからです。それを受け入れない完璧志向でいると、いくら得ても恵まれても、不安に苦しみ続けます。

幼少期に神童ともてはやされ、勉強ができると優越感に浸っていたとしても、中学、高校と進学すれば、自分より優れた人に出会うことはいくらでもあります。それが不安や劣等感を呼び起こし、挫折する例は枚挙に暇がありません。

少し前に起きた事件――元農水事務次官である親（当時76歳）に殺されてしまった44歳の息子は、典型的な例でしょう。

子どものころから頑張ってはきたものの、常に優秀な父親と比べられ続け、あるとき、頑張りの糸がぷつんと切れ、家に引きこもり、家庭内暴力を振るうようになりました。

親は、そんな息子の将来を不安視して殺害したそうですが、周りにもっと息子の気持ちを理解できる人がいれば、引きこもりを避けられたでしょうし、あんな悲惨な事件には至らなかったのではないでしょうか。

どの世界にもイチローや大谷翔平のように、「かなわない」と感じる存在はいます。

それを受け入れられないと、悲劇が起きます。

◆常態化した不安を打破！――不安がる自分を茶化して、大したことないとリフレーミング

至極極端な例ですが、アウシュビッツの強制収容所に長い間入っていた人は、「いつ殺されるかわからない不安」に慣れてしまったせいで、いくら、解放されて安全だと言われても、心の底から安心感を得られないそうです。

アウシュビッツから生き延びたオーストリアの精神科医・心理学者のヴィクトール・フランクルは、ふたつの方法を使って不安感を取り除く治療法を提案しました。

ひとつは「逆説志向」といい、本人が不安や恐れを抱くことを、あえて積極的に望んだり、あえて不安になる場所に行ったりする療法です。

たとえば、人前で話すことに不安を抱く人は、「さあ、人前で話すときには、め

いっぱい緊張してやるぞ」と自分を激励してやるのです。

「もっと緊張してみよう、こんなもんじゃない、本当はおしっこが漏《も》れそうになるくらいだろう！」「もっともっと緊張して手足をぶるぶる震わせて、皆を驚かせてやるぞ！」などと自分でも笑ってしまうほど、めいっぱい茶化し、緊張を客観的にとらえましょう。

ふたつめの療法は、不安な気持ちを声に出すというもの。

「ああ、不安だなあ、怖いなあ、どうしたらいいんだろう」と言葉にします。

そして、「こんなことを口にできるようになったんだよな～」と、自分をほめる言葉を加えていきます。頭の中で考えるだけではなく、音声として脳に刻みつけることで、自分の自信を育てていきます。ひとりのときに練習してみましょう。

◆自意識過剰をやめなさい——一瞬でも、相手を思いやること

不安になりやすい人は、自分への関心が非常に高く、常に自分のことばかり考えている傾向があります。自意識過剰といえるほど、他人が目に入っていません。

「友人が冷たいのは、私のさっきの言い方がよくなかったからじゃないか？」

「お客さんが減ってきたのは、私の日ごろの行ないが悪いからでは？」

「上司は、私にばっかり、大変な仕事を押しつけてくる……」

どれも、相手の事情がいっさい考慮されていません。友人は今家族のことで大変に忙しい思いをしているだとか、ライバル店も頑張っていることや、仕事を振れる部下がほかにいなくて、上司自身も辛い状況にあるとか……他者の事情が微塵も考慮されていません。

こんな場合は、**「自己超越」**の方法が効果的です。

自分の悩みや、自分の将来のことばかりを考えるのではなく、他の人や社会に貢献するために自分がやるべきことを考え、それに集中、没頭するのです。


そもそも、「不安だ、怖い」と思うのはなぜでしょうか。

たとえば、今の彼（彼女）との幸せな生活が壊れるのが不安だというのは、相手を大事に思っているがゆえです。それならば相手を喜ばせることを考えましょう。

入社や入学の願いが叶って、やる気がなくなった、仕事に喜びを感じられないのなら、なぜ、その学校に入りたかったのか、なぜその仕事に就きたかったのか、という原点に立ち返り、自分が本来やりたかった目標に没頭する。

恵まれすぎて不安だと感じるなら、ボランティア活動に身を投じましょう。これは私のやっている禅にも通じる解決法です。

「不安から逃れるためには、自分のどこが悪いのかと自己反省するのではなく、また、何が足りないのかと自分の内面ばかりを見つめるのでもなく、自分なんかどうでもいいと、自分を突き放し、捨てて、**もっと価値あること、仕事や愛する対象に自分を委ねればいい**」

先にふれたアウシュビッツから生き延びたオーストリアの精神科医・心理学者のヴィクトール・フランクルも、こう説いています。

自己中心的な「自分」を突き放す。

「返信がこない」不安には、この対処法

「メールやＬＩＮＥの返信が遅い、なかなかこない」と不安になる人は多くいます。こういうとき、それは自分のせいだ、自分が送った内容に原因があるんだ、などと思ってしまうなら、まず、それを止めましょう。

これは、まさに「すべてを自分中心に考える」典型的な思考なので、それを手放すのです。相手に焦点を当てて、想像力を巡らせて相手の状況も考えてみるのです。相手も忙しいのかも、何かをしていて手が離せない状況が長引いているのかも、疲れていて返信する気力がないのかも……など。

それでも気になるなら、こちらから再度連絡するか、返事を促すこと。仕事関係なら、大抵、すぐに返事がくるのではないでしょうか。

自分が相手より弱い立場にいて、放っておいてもいいと思われていそうな場合、

自分にとって大事なことなら、電話で直接連絡を取ってみましょう。

多いのは、「恋愛関係」で、自意識やプライドが邪魔をして、こちらから電話なんかできない、というケースです。そんな人は、なぜ、これほど相手からの返事を

待ちわびているのかを、よく考えてみましょう。

相手が本当に好きだから。相手のことを、大事に思っているから。

そうでしょう。だからこそ、返信がないのは、プライドが許さないのですよね？　自分がこんなに思っているのに、その自分を放っておいて、相手は平気なのかと、自尊心を傷つけられたように感じてしまう。

しかし、相手が誰であろうと、「返信がこないことに傷つく」のは、かなり自己肯定感が低くなっているサインです。

相手にも事情があるはずなのに、勝手に、「自分は相手に嫌われているかもしれない、軽く見られている」と思い込み、傷つく。

それは、普段から「本当は、自分は嫌われているんじゃないか」という不安を抱いていればこそ、抱く被害妄想です。

メールの返事がないことを不安だと感じたその機会を、**「自己肯定感を高める」ためのレッスン**だと捉えましょう。

自己肯定感を高める方法は次項で紹介します。

それを試しても、それでも気になるなら、相手に、メールやＬＩＮＥではなく直接聞いてみましょう。

えっ、そのために「会って話がしたい」とメールやＬＩＮＥをしても返事がこない？　それが恋愛関係の相手なら、残念ながら、相手の気持ちは冷めはじめているかもしれません。

辛いことですが、状況を認めれば、「じゃあ、どうする？」と、次の行動を考える糸口になります。何も行動しないまま、もやもやとした不安を抱えて時間を無駄にするよりは、ずっとマシです。

気になるなら、妄想より催促！

いつでもできる、自己肯定感を高める練習

自己肯定感を高めるのは、簡単です。

とにかく自分が気持ちいいと感じることをやってみるのです。風呂に入る、音楽を聴く、運動をする、手仕事をする。そうした自分が「気持ちいい」と感じることに、**「これをやっておけば、あとあと役に立つから」などといった意味を持たせないで、ただひたすら「気持ちいい」という感情を大事にするのです。**

何も考えず、気分がよくなることをしている間に、いつの間にか時間がたって、メールの返信のことなどすっかり忘れていれば成功です。自分を優先するという行為の第一歩を踏み出せたのです。

心地よさを集めよう。

人と会ったあと、別れたあとに感じる不安の謎が解けた

人と会っている間は楽しいのに、別れたあと、いきなり不安になる。

最近は、そんな若い人が増えているのではないでしょうか。

相手のことがものすごく好きというのなら、まだ理解できます。

しかし、好きでもない相手に対してまで、不安になる人がいます。**誰であろうと、とにかく他人に嫌われたくないと思ってしまうがゆえです。**

今日はショッピングに付き合ってくれたものの、義理だったのかな、あのときの微妙な表情は、実は自分のことが好きではないからかもしれない。選んだ服はあれでよかったかな、もっと明るい色にしたほうがよかったかな。また会ってくれるだろうか……、ひとり反省会はえんえんと続きます。

そして、「今日はありがとうございます。楽しかったです。またお会いしたいで

す」と別れてすぐにメッセージを送ったものの、返事がない、あるいは返事がきたとしても、ありきたりなフレーズだったりすると、また不安になってしまうのです。

相手のことが本当に好きならば、こうした不安を引き受けるのもある程度は仕方ないことでしょう。でもそうではない相手に、そこまで不安を抱くのは、ふたつの原因が考えられます。


自己肯定感が低いことがひとつ。

もうひとつは、HSP的な敏感体質のせいです。そもそも自己肯定感の低い人にはHSPの人が多く、このふたつは連動しています。

どちらも、相手の「気」に巻き込まれがちな人なのです。


「気に入られる」とは、相手の「気」の中に入ることであり、入らないと、「気に入らない（嫌い）」と思われてしまう。そして、人に嫌われるのは嫌だから、気に入られるように振る舞おうとするのが、こうした気質のある人の特徴です。

極端に言えば、「誰でもいい」から気に入られたいと思ってしまう面もあります。とにかく、自分に好意を持ってもらわないと不安になるのです。

思い当たるようなら、人に好かれようとする前に考えてみましょう。

「その人のことが本当に好きですか？」

「誰かに、自分を認めてもらいたいだけではないですか？」

自問して、特に好きでも嫌いでもないと思うなら、**「あの人と自分とは別の人間である」「他人の感情はコントロールできない」**と、**自分に言い聞かせること。**

他人の感情を気にしはじめると、どんどん不安は増していきます。禁煙やダイエットで食事を控えようとするほど、美味しそうな食べ物が気になる心理と同じです。

だから、**「別に、好かれなくてもいいのでは？」**と、自分や相手を突き放す。

突き放すことで、相手との間に境界線ができるのをイメージしてください。

好かれようと無理をして振り回されないでいられる距離感です。あえて嫌われる必要はないので、意識的に相手を遠ざけたり、無視したりしなくていい距離感を保つのです。


〝認められたい病〟を疑おう。

化石化した思考を退治して、脳に新しい解決法を探させよう

幼いころ、親や教師に「こうしなさい」「それがルール」「これが世間の常識だ」などと教え諭された経験は、誰にでもあるでしょう。

多くの人を不安で苦しめている原因のひとつが、こうした「暗示」です。

心が苦しいのは、かつて、社会や親、教師などから植えつけられた、ありのままの、自由なあなたを許さない暗示が心を縛っているからです。

躾《しつけ》や格言、常識という名の「暗示」にかかった結果、苦しんでいるのなら、そんな暗示はさっさと捨てたほうがいいでしょう。

厄介なのは、かつて、こうした暗示を受け入れて実行した結果、褒められたとか、儲かった、勝ったなどという成功体験がある人です。

そういう人は、時代が変わり自分も成長し、もはやその「暗示」が古くて役に立

たない過去の遺物になっていたとしても、なかなか手放すことができません。

特に、「苦難は人を成長させる」「石の上にも三年」「負けた人は努力が足りない」。こんな格言的な暗示は、うまくいっているときや、ストレス耐性があるうちは効果がありますが、あまりにも苦しいときや意に沿わないこと、好きではないことにも当てはめると、自分の価値を否定することにつながってしまいます。

かつて自分に成功をもたらした考え（＝暗示）も、時代が変わり、自分が成長すれば、合わなくなることもある。

でも、そうやって価値観を変化させていくことをまた、「よくない」と暗示をかける人がいるのです。〝社会や親が「良し」とすること〟を受け入れられないのは、あなたがダメ人間だからだ、あなたが間違っているからだと思わせる――これもまた暗示です。利害関係が絡むと、特に、その変化やあなたの自立をなじる人もいますから、冷静に見極めましょう。


常識も格言も、絶対ではない。

深く刷り込まれたネガティブ暗示を打破するブッダの言葉

親の教えや、常識、格言といった形であなたに刷り込まれているネガティブな暗示を消し去るには、強力な助っ人が必要です。

その強力な助っ人となるのが、釈迦《しゃか》（ブッダ）の教えでしょう。

仏教の開祖である釈迦は、**「心を苦しめるものはすべて間違いだ」「心を楽にする考えはすべて正しい」**と説きました。

今、自分を苦しめ不安にさせている常識や格言、考えは、「誰かにそう思い込まされている暗示」であること、そして、自分の気持ちを楽にする考えは、すべて許されると理解しましょう。こう書くと、必ず、心が楽になる考えはすべて正しいというなら、「自分さえよければいい」という考えでもいいのか？

などと言う人が出てきます。

でも、そんな考えは、一見、楽に思えるかもしれませんが、誰でも、心の奥底では良心の呵責《かしやく》を覚えて苦しむはずですから、それは決して、気持ちを楽にする考えではありません。

そう考えていくと、本当に「心を楽にする考え」というのは、自分にもよいし、周りにとってもよいものであるはずなのです。

だから、堂々と、**「自分を苦しめる思い込み＝ネガティブな暗示」を捨て去りましょう。**

今は、時代の転換期です。

間違っても、古い刷り込みに負けて自ら命を絶ってしまうことなどないように、まずは、自分が「生き延びる」こと、サバイバルすることを最優先しましょう。

次項で、もうひとつ、ネガティブな暗示を消し去る、強力な助っ人をご紹介します。

心が楽になる考えは正しい。

不安を「見える化」すれば気持ちは楽になる

うつ病の療法として知られる認知療法の中に「作文療法」というものがあります。

嫌なこと、嫌いな人、仕事への不満など……思いついたことをなんでも書き出していきます。

書くこと＝見える化です。

自分の不安や恐れ、不満を見える形にすることで、自分の心の中を客観的に認識することができ、ゆがんだ部分があれば、正しく軌道修正していくことができます。

たとえば、こう書いたとしましょう。

「私はあの人が嫌いだ。あんな人と一緒に仕事をするくらいなら、いっそ会社を辞めたほうがマシだ‼」

そしてこれを読み返すと、前半部分には納得がいっても、後半の「会社を辞めたほうがマシだ‼」の部分では、ホント？　と思うのではないでしょうか。

「ん？　よく考えると、あんなヤツのために、自分が無職になるのは、納得がいかないよね？　辞めるべきは、相手のほうでは？」

「自分は、あの人の、どこがどんなふうに嫌いなんだろう？」

書き出せば、問題点や「嫌いな原因」も客観的に考えられるようになります。

脳は、「不満」とか、「不安」など、ひとたび特定の人や状態にとらわれてしまうと、それが頭から離れなくなり、ひたすら同じような事象を拾い集め、「ああだ、こうだ」と、同じところに留まり続けるクセがあります。「ぐるぐる思考」とも呼ばれる、何の解決も導かない、**不毛な堂々巡り**に陥ってしまいます。

でも、紙やパソコンに書き出せば、問題点や軌道修正すべき点、理想の結末が明確になります。進むべき方向や解決すべき問題が明確に示されれば、脳は、無限ループを断ち切り、解決法を導くために働き出します。

脳は使いこなすもの。

仕上げに、自信を生み出す暗示をかけて！

認知療法においては、嫌なことを書き出してすっきりしたあと、その嫌な考えを書き換えることも大切なプロセスです。その方法が、ポジティブな暗示をかけること。

「嫌な考えを生み出す思い込み＝ネガティブな暗示」を消して、その上に、より「自分を励ますための言葉＝ポジティブな暗示」を上書きして、脳と心に、しっかりと刻みつけるのです。

そんな言葉の例を挙げておきます。

「きっとうまくいく」
「そのうち必ず事態は好転する」
「悪いことは続かない」

自分の経験に照らし合わせて、自分自身がしっくりくる言葉で暗示をかけると、より説得力は増します。

「今までだって、うまくいってきた」
「この不安こそ、人からうつされたもの」
「正しいと言う人が正しいとはかぎらない」
「私は、私が好き」

こうした自分や自分の生き方を肯定する言葉を自分に言い聞かせていると、いつの間にか「自分はこれでＯＫ」と思えてきます。

まずは自分のことを自分が好きになる――これが一番大事です。

それに、自信は魅力を生み出します。常に不安を感じている人なら、相当に自信が欠如していますから、ちょっと自信過剰になるくらい、ポジティブな暗示をかけるとちょうどいいのです。

ポジティブな暗示で整える。

「相手の気持ちがわからない」からといって、これはNG

「好きなタレントが自分のほうを見てくれた！　その瞳には、〝自分への好意〟が絶対に宿っていた！」

若い女性にありがちなこうした「思い込み」は微笑ましいものです。でも、そうでない思い込みもあります。

昔は、街ですれ違った際に目が合っただけで、「何見てんだよ！」と凄んでくる人がよくいました。彼らは、ある種の強いコンプレックスを持っているので、ちょっと目が合っただけでも、相手は自分に敵意を抱いていると思い込んでしまうのです。

凄んでくるのは困りものですが、目が合った際に、「あの人、今、チラリと私のことを見た。きっと悪意（あるいは好意）があるに違いない」——私も経験がありますが、ＨＳＰの傾向がある人は、そんなことをしょっちゅう思うようです。

これも不安を掻き立てる要因のひとつです。

この、相手の気持ちを推測して決めつける「～～に違いない」という思考を改めないと、不安感から逃れることはできません。

思い込みをまったく持たずに生きている人はいません。誰もが大なり小なり、自分なりの「思い込み」の中で生きています。

ただ、それが正しい場合もあれば、間違っている場合もある、ということです。

非常にシンプルですが、思い込みが間違っていたなら訂正し、正しいならばそのまま進むのが、よりよい生き方をする秘訣でしょう。

そして自分以外の他者の「内面」「心」は、わからないことがほとんどですから、気になることなら、しっかりと相手に聞いて確かめるのがベストです。

でも、上司や道行く他人にまで、いちいち、「あなたは私のことどう思っていますか？　どうも嫌われているような気がするのですが」などと聞くわけにはいきません。仮に聞いたところで、対応できるのでしょうか？

だからもう、確かめようのない相手の気持ちを忖度《そんたく》するのは、やめることです。

あれこれ相手の気持ちを推測しはじめたら、「今の自分は『何見てんだよ!』と、すれ違いざまに凄んでくる人と同じ状態になっている!」と反省し、改めましょう。

推測で、相手の心の内を決めつけない。

CHAPTER
6

ネット社会にまつわる不安が、たちまち解決！

「帰りが遅い！」と相手を責めそうになったらこう言おう

せっかく晩ご飯を作って待っているのに、パートナーの帰りが遅い。

「何時に帰ってくるの？」とメッセージを入れても返信がない。

返信がきていないかと何度もスマホを覗き、事故にでも遭ったのではないかと心配するうちに、ようやく返信がきたけれど、さんざん待たされた不満から、つい不機嫌な返事をしてしまう。

さらには、夜中の零時を過ぎてようやく帰宅したパートナーに、たまらず、「今、寝ようとしていたのに、うるさいなぁ！」と怒りを増幅させてしまう。

「忙しかったんだから、仕方がないだろ」という相手の弁解の言葉にもイラついて、「どうしてあなたが怒るのよ！」と、ますます険悪な事態になってしまう（というか、自分でそう持っていってしまう）。

どうしたら、こんなやり取りを減らせるのでしょうか？

相手の行動に不安を感じるとき、その不安の奥には、別の感情が隠れています。

メールの場合、相手が自分より目上の人なら、返事は遅いとわかっているので、さほど気にしないでしょう。ところが、自分の恋人や部下、気の置けない友人などに対しては、「なぜ？」ということになりがちです。

「返信が遅い！」「帰りが遅い！」と相手を責める気持ちの奥には、「もっと私を大事にしてほしい」という思いや、相手を思い通りに動かしたいという征服欲が潜んでいます。

これを解消するには、**「支度の都合があるから、早めに返信をしてほしい」「淋しいから、もっと早く帰ってきてほしい」**と、素直に言葉にして伝えること。

そして、**「コントロール、止めた！」「自分に集中！」**といった言葉で、相手を思い通りにしたい欲を消し去ることです。

「大事にして」と、率直に伝えよう。

「もう誘わない！」には、相手も不安だと察して、思いやりを！

逆にあなたが、相手から返信について、「レスが遅い！」「もう誘わないから」などと理由も聞かれずに責められた場合は、**「相手も不安や緊張の中にいるんだ」と察して素直に謝りましょう。**どちらが正しいかではなく、思いやりを示すのです。

それでも相手の怒りが収まらないなら、**しばらく放っておく**こと。

そんなことをしたら、相手は無視されたと思ってさらに怒りを増幅させるのでは？　と懸念するかもしれませんが、そんなことは、まずありません。絶対にないとは言いませんが。人間の心は、渦中からいったん離れると冷静さを取り戻します。ですから、落ち着くケースがほとんどです。

いったん距離を置くのも手。

ネット上の誹謗中傷に込められた悪意エネルギーへの対処法

ツイッターやフェイスブックといったSNSやブログなど、ネット上の交流の場で発せられた悪意に満ちた一言によって、深く傷つく人が増えています。

アフターコロナの世界では、よりSNSの世界が重要度を増していくのは、確実ですから、ネット社会での人間関係のあり方や誹謗中傷への対処法を知っておくことは、重要なスキルになってきています。

女子プロレスラーの木村花さんが、心ない人たちのネットへの書き込みを苦にして自殺したニュース（2020年5月23日）は、世の中に衝撃を与えました。

相手の姿が見えない匿名の世界で、相手の属性、名前や職業、家族など、相手を特定する手がかりがないまま、悪意に満ちた言葉を投げかけられることは、暗闇で

いきなり暴漢に襲われるのと同じことです。

いくら好意的なコメントが何百、何千と寄せられていても、少数のヘイトコメントに落ち込み、うつになる人は増えていると感じます。言葉が少ないほうがエネルギーは強いからでしょう。

自分がアップした内容について、反対意見や反論がくるのはいいとしても、それを名前も理由も明かさずに、人格否定や脅迫めいた言葉を送りつけてくるのは、行きすぎであり、まさに言葉の暴力、犯罪です。

言葉の暴力のあまりのひどさと執拗さに耐えかね、お金をかけて追跡調査をしたところ、そのほとんどを、たった数人の人が書いていたという事例があります。

ヘイト発言をする人は、わずかであり、しかも、あちこちで同じような「ヘイト言葉」をまき散らして、憂さを晴らしているものである——。

SNSにまつわる不安を減らすには、こうした客観的事実を知ることも重要ですし、あなたを支持してくれる人も大勢いることを忘れないことです。支持者は大勢いるのですが、ヘイトコメントの狂気に満ちた邪悪さに恐れをなし、すぐには慰めの声を出せないでいることはあるでしょう。

もし、**可能なら、ヘイトコメントをも、自分への関心の高さと捉えて、気にしないようにすること**です。「わざわざ時間を使って私のツイッターを覗き、文字を書く。相当、ストレスが溜まっているんだなあ」と。

スルーできずに不安に陥ってしまったら、自分が多くの仲間に囲まれているイメージを描きましょう。

耐えかねる内容については、画面のキャプチャを撮るなどして証拠を残したうえで、すぐに削除すること。そしてヘイトな人のアカウントを特定し、そのアカウントからの投稿を拒否しましょう。拒否することで、そんなことをする人たちが傷つくことを心配する善意は要りません。あなたの心が傷つかないことを最優先してください。

そのような処置をしても耐えかねるものについては、警察に届けることです。

✓言葉の暴力には、厳格な対処を。

SNSには、コーヒーやアルコール並の中毒性があると知らないと、ヤバい

今や定年を迎えたシニアや主婦も、ブログやツイッター、フェイスブック、YouTubeなどで、自分の気持ちやプライバシーを不特定多数の人に公開しています。

それは、現実の息詰まる生活で溜まった鬱憤の発散になるとか、備忘録になる、認知症予防になるなど、よい面も多いからです。

リアルな世界では収入を得られなかった人が、YouTuberやブロガーとして、収入を得るケースも増えています。フォロワー数や「いいね」の数が増えて、自己肯定感を持てるようになった人もいますし、逆に、「いいね」の数やフォロワー数が減ったと落ち込む人もいます。

いろいろなメリット、デメリットがありますが、老いも若きも、SNSに夢中になっていることは確かです。そして、**その根底にあるのは、〝SNSには、一度始**

めるとなかなか止められないという中毒性〟です。

SNSの何にそんなに惹きつけられるのでしょうか？　それは、他のコミュニケーション方法よりも、断然、リアクションが早いから、そして、「いいね」の数やコメント数で結果が目に見えるから、本名を名乗らなければ自分が特定されない匿名性があるから、さらには、コメントの削除など失敗してもすぐに変更できるからです。突き詰めれば、〝即効性があるから〟です。

薬でもアルコールでも何でも、即効性のあるものには、中毒性があります。

ところで、SNSによって生じる「うつ状態」のほとんどは、濃すぎる（刺激が強すぎる）人間関係や他人との関わりが原因となっています。相手にされないとか、関わりが希薄だという孤独感が原因で、うつになることは、ほとんどありません。

つまり、SNSの中毒性にどっぷりハマってしまうと、自然と濃厚な人間関係が築かれ、必然的にうつになるリスクも高まるということです。

睡眠不足になるくらいなら、危険。

何もかもが極端になりがちなバーチャルの世界に心を乱さない方法

SNSの一番の怖さは、夢中になっていくうちに、自分も、世界も、どんどんバーチャルな存在になっていくところでしょう。

相手もバーチャルなら自分もバーチャル。

発信しているのはお互いに生身の人間なのですが、SNSにどっぷり漬かっていると、共感してくれる人や噛みついてくる人以外にも、見ている人は大勢いるにもかかわらず、リアクションする人しか、目に入ってこなくなります。

リアクションのない存在は、自分の頭の中では、いないも同然となっていきます。

そんな、〝バーチャルの世界がすべて〟という思考に陥っているときに、SNS上で、正体の見えない相手から攻撃的なヘイトコメントが寄せられると、どうなるか？　世界中が自分のアンチであるかのように感じられて、それゆえ、あっけなく心を傷めてしまうのです。

リアルの世界には、たんなるご近所さんもいれば、たまたま対応してくれた店員さん、顔は知っているけど話したことのない職場の人など、「好きでもないけど、嫌いでもない」人たちが大勢いることが当たり前になっています。

しかし、ＳＮＳの世界では、「あなたが好き」「あなたを認める」と発言する存在と、「大嫌い」「死ね！」と罵倒してくるアンチという、両極端の存在がクローズアップされ、最もインパクトを持ちます。その極端さに振り回されて、〝ソーシャル疲れ〟が生じます。

また、意思疎通の助けとなる身振り手振りのことを「社会的手がかり」と言いますが、ＳＮＳやインターネット上でのコミュニケーションには、この手がかりが少ないせいで誤解が生じやすいことも、疲れる理由のひとつでしょう。

こうしたＳＮＳ疲れの状態から、どうやって抜け出すか。

それには、数日間、スマホやインターネットから離れる「ＩＴ断食」が効果的だとよくいいますが、この方法には弱点もあります。

SNSから離れてしばらくは禁断症状のようにイライラすること、そして、再びスマホ生活に戻ったとたんに元の木阿弥になることも少なくない点です。

ならばいっそ、SNSは続けながら、対面によるリアルなやり取りを増やしていくのが、副作用の少ない方法ではないでしょうか？

現実社会で他人と「通じ合う」ことや「衝突する」ことを経験しておくことこそが、むしろ「ソーシャル疲れ」を緩和させる方法だと私は考えています。**「匿名性」のない、リアルな人間関係をしっかり持っていれば、SNS上での攻撃は、SNSの中のことでしかないと、距離を置いて冷静に受け止められるはずです。**

これからの時代の人間関係は、これまで以上に、ネットを通じたバーチャルな人間関係と、家族や友人、恋人などとのリアルな人間関係に二極化していくだろうと予測する人もいます。もしその通りだとしたら、両者をバランスよく取り入れる生き方をするほうが、心身への影響も偏らず、いいのではないかと感じます。

リアルとのバランスを取る。

CHAPTER

7

腸内細菌と脳内ホルモンを整えたら、もっと不安が消える！

不安は、人から人へ伝播する。ミラーニューロンの話

誰かの「ギャーーー!! 怖い!」と叫ぶ声を聞くと、それだけで怖くなる。

大好きなアクション映画を観た直後、自分も主人公のように強くなった気がして、肩で風を切って歩いていることがある。

こうした反応は、人間が持って生まれた脳の機能によるものです。

脳の中には「ミラーニューロン」という神経細胞があります。

これは「人まね細胞」とも呼ばれ、1996年にイタリアの脳学者が発見しました。ミラーという名前は、他人の行動が、まさに自分の行動のように脳の「鏡」に映ることに由来します。

この細胞が発見されたお陰で、人間の心理や行動におけるさまざまな現象が説明できるようになりました。そして、この「鏡」の能力があるからこそ、社会生活を

生き抜くことができるのですが、この能力が人一倍強い人たちがいます。

それがＨＳＰと呼ばれる人たちです。

何度か述べたように、

「不安や恐怖、怒りの感情は、人から人に伝播しやすい感情である」

「ひとりの人間の行動や感情が、脳のネットワークを通じて、ほかの人にうつることがある。身近にいる人の感情は、同じ空間にいる人に影響を及ぼす」

これを理解しておけば、大抵の不安は抑えることができます。

なぜなら、ＨＳＰの傾向がある人が感じている不安は、**ほかの誰かの不安**である場合が大半だからです。

部門長が不安で不機嫌でいると、部署全体の雰囲気が鬱々としてくるのは、まさにその部門長の不安な態度や恐怖による言動を、部下たちが自分のものとして受け取っているからです。

それは別の誰かの不安かも。

怒りや不安は増幅するから、相手に共感しないのも、賢い手

注意や叱責をされたとき、相手がちゃんと理に沿って冷静に説明してくれた場合は、不安や恐怖といったマイナスの感情はそれほど抱かないはずです。「今回は自分に落ち度があったな、次回は気をつけよう」と、素直に反省し、前向きに改善する気にもなれるでしょう。

もし、注意や叱責の内容がほとんど頭に入ってこなくて、不安や恐怖を覚えるようだとしたら、それは、叱った相手の抱える不安やストレスのほうに、あなたの脳が敏感に反応してしまっている可能性があります。

あるいは、遠い過去に、自分が上司や教師、親などから受けた恐怖や痛みの感情が、その相手によって呼び起こされたからかもしれません。「遠い昔の相手」の感情が、時空を超えてうつり、増幅しているのです。

その影響を防ぐには、相手の気持ちに共感しないこと、断ち切ることです。

叱る相手の不安を、あなたの敏感なセンサーがキャッチするゆえに「うつる」のですから、**相手の不安や感情という気持ちの部分を差し引いて、その言葉を検討し、判断する**ようにしてみましょう。

その具体的方法として、不安にかられて注意や叱責してきた相手の言葉には、まず深呼吸して冷静になります。

そのうえで、相手の言葉の是非を判断し、正しいと思ったら、「そうですね、すみません」と素直に従う。誤解や間違いがあれば、まずは、**「ああ、この人も不安なんだ」と心の中で思い巡らす。そして不安がっている相手をそれ以上、追い詰めないように、努めて冷静に、反論や訂正すべきところを伝えていきます。**

叱責ではなく、愚痴や悪口など聞く価値のないものである場合は、相手が話している最中でも、頭の中で好きな音楽や、気持ちのいい風景を思い浮かべましょう。


自分が心を乱さなければ、相手も鎮まる。

失敗したときに感じる恐怖も、学習の産物だったりする件

幼い子どもは、身の回りに起こる「出来事」の意味を、まだよくわかっていません。

親や教師など、身近な人の反応や態度を通して、「これは怖いことだ」「これは可哀そうなことなのだろう」「これは危ないのだ」などと学習していきます。

たとえば、まだ、「転ぶ」ということを、よくわかっていない幼い子が転んだとき。転んだ痛みからではなく、予期せぬ衝撃に、何が起きたのかわからずびっくりして、ウワーーーンと泣きだすことがあります。

このとき、親が、「痛いの痛いの、飛んでいけーー！」というおまじないを明るく唱えると、多くの子が、ピタッと泣き止むことはよく知られています。優しい笑顔で「飛んでいけーー！」となぐさめてくれる親の姿に安心して、子どもは、「ああ、

転ぶということは、泣き叫ぶほど怖いことではないんだな」と学習していきます。

逆に、親が子の転んだ姿にひどく動揺して騒ぎ立てれば、それを見た子どもは、大して痛くなかったとしても、きっと大泣きして、「転ぶことは、ひどく恐ろしいことなのだ」と学習するでしょう。大きくなってからも、転べばショックを受け、涙ぐむかもしれません。

ある出来事について、どんな意味づけ（学習）をしたかによって、物事の捉え方は、変わってきます。

失敗をして叱られたときに感じる不安も、そこに端を発しています。

誰かから自分のミスを指摘されることがとても怖い――そういう人は、〝ミスを指摘されることは、自分が咎められていることだ、責められていることだ〟と、どこかで「学習」してしまったのでしょう。

だから、相手には責めるつもりがなくて、たんに注意を促しただけだったとしても、自分を否定されたような気がして不安になるのです。

刷り込みに気づけ！

失敗するほどレベルアップできる！無限の成長を手にする思考法

幼いころに何か失敗したときに、「大丈夫だよ」「誰だって間違うことはあるんだから、こう修正すればいいだけだ」と、穏やかに教えられて育った人は、大人になってから誰かにミスを指摘されても、冷静に、こう思えます。

「そうか、間違えてしまったんだな。ではどう修正すればいいのだろう」

そして、その対策を自分で考えるか、方法を知る人に尋ねるでしょう。

残念なことに、今の日本社会には、〝失敗やミスを、成功へのプロセスとして認める〟という土壌が、欧米ほどにはありません。

「先々、大きな成功をするためには、今、失敗して経験を積んでおいたほうがいい」と考えられる人も少しはいますが、現実にミスしたときに、そう言ってくれる人に巡り合うのは稀であり、もし、そう言ってもらえたなら僥倖《ぎょうこう》なことです。

しかし、そうした言葉をかけられたことがなかったとしても、ミスを指摘された当人が、〝失敗やミスは、次の段階にいくために必要なことだ〟と知っていればどうでしょう？　余計な不安や、必要以上に深刻な自責の念を抱かずにすむでしょう。

だから、ミスを受け入れてもらった経験に乏しい人は、自分で、自分のミスを笑い飛ばしてあげるところを想像してみるのです。**温かく励まされるイメージを思い浮かべながら、「失敗したら終わりだ、立ち上がれないなどという思い込みは、どこかへ飛んでいけ〜！」と頭の中で唱えてみる。**

あるいは、「ニセモノの不安よ、飛んでいけ〜！」と唱えながら、窓から風が吹き込み、不安を吹き飛ばしていくイメージを描く。

「ミスをしたことは不安材料などではない。経験値という貴重な宝を得たのだ。次に生かせば、自分はレベルアップできる」と、自分の脳に刷り込みましょう。

✓ **「失敗は宝！」と、自分を励ます。**

不安を察知しない脳、しすぎる脳。仕事は自分の脳の気質で選ぼう

プロローグでも触れた、ドキュメンタリー映画『フリーソロ』の中で、世界的に知られるクライマー、アレックス・オノルドの脳は、正常ではあるけれど、平常時に扁桃体がほとんど活動していないことが、MRI検査からわかりました。

要は、よほどのことがないと、不安や恐怖を感じない。

映画で活躍するスタントマンの中にも、こういう傾向の脳を持つ人が多いようで、命の危険を感じていないと生きている実感がない、という冒険家もよくいます。

だからこそ危険な挑戦ができるのですが、一方でこれは、命を危険にさらすリスクの高い人生を送ることを意味します。配偶者や子どもなど、「普通の脳」を持った人たちに大きなストレスを与えてしまうでしょう。

多くの人は、自分にない能力を持つ人をうらやみ、優れていると思う傾向があり

ますが、**どんな能力にもプラスとマイナスの両面があります。**いい悪いではありません。

就職活動において生じる悲劇の多くは、自分のこうした脳の気質をよく知らずに、親や世間が「いい」と判断しているという理由だけで、自分には不向きな仕事に就いてしまうことに起因します。不安に敏感な人が「冒険家」を職業にしたら、当人にとっては悲劇でしかありません。

近年、自殺をしたある若手人気俳優は、日ごろから「農業に就きたい」と漏らしていたという情報があります。もしそれが本当なら、農業よりも俳優のほうがお金になるだとか、すでに売れっ子となり引き返せなくなっており、本当に自分のやりたいことをやれない苦しみに、絶望していたのかもしれません。

実際のところはわかりませんが、こういう悲劇は、本当に多いのです。

自分がどんな人間かを知り、自分の傾向に適した仕事を見つけてください。

職種の選択は慎重に。

脳内ホルモンの出し方のコツ

子どものころ、運動会や遠足の前の晩は、明日が楽しみでワクワクして眠れなかった経験はありませんか？

喜びで気分が高揚したときのドキドキも、「大勢の前でプレゼンしないといけない」「面接がある」といったプレッシャーを覚えたときのドキドキも、どちらも脳内の物質（ホルモン）によって引き起こされます。

楽しいときは、脳内にアドレナリンなどの興奮物質が分泌され、ストレスの多いときは、脳内にノルアドレナリンという抗ストレス物質が分泌されています。

良くも悪くもストレスを感じたときに分泌されるこれらのホルモンは、**何か「事を成す」には、欠かせない物質**です。いわゆる「火事場のバカ力」は、こうした物質が大量に分泌された結果、普段では出せない集中や体力が発揮された状態です。

アドレナリンは主に身体に作用し、ノルアドレナリンは脳に作用します。

ある目的をどうしても達成したいときには、意図的に自分を追い込んで、アドレナリンを放出させ、やる気を高めるという使い方もできます。たとえば、試験前の徹夜などがいい例でしょう。

また、大きな声を出すことでも、アドレナリンが大量に分泌され、普段以上のパワーが発揮できます。競技の前に選手が、「よっしゃ！」「いくぞ！」などと大声で気合を入れるのは、気持ちを鼓舞する精神的な意味合いのほか、集中力を高めて練習以上の身体能力を引き出す目的もあります。

ケンカで言い合いをすると、お互いの感情が増幅するのと、同じ原理です。

ですから、気分が乗らない会議や面接の前には「やるぞ！」と声に出して自分に言い聞かせてから臨みましょう。


うまくプラスに用いよう。

失恋のあとの切なさや虚しさも、脳内物質のせいにすぎなかった

楽しい出来事のあとに、ふと、不安や悲しみを感じるのも、ホルモンの影響です。

激しい恋が終わったあとに、立ち直れずうつ病になる人は多くいます。

それは、恋愛中の楽しい時期に大量に分泌され続けていた脳内物質が、失恋を機に、いきなり分泌されなくなるからです。

失恋に激しく落ち込み、うつ病になりかけた知人の女性がいます。

失恋といっても一方的にフラれたのではなく、どちらかというと彼女のほうから、「こんな人とはやっていけない」と判断した末の別れでした。

別れた直後は、せいせいした、これは正しい判断だったと思っていましたが、しばらくしてからのことです。悲しみや苦しみが涙とともにこみ上げてきたかと思ったら、またすぐに、「やはり自分の決断は間違っていなかった、あんな人と一緒に

なっても幸せにはなれなかった！」と思い直すことを繰り返しはじめました。日によって、いえ、数時間単位で気分が変わる「気分変調」です。

そのうち、朝起きると、めまいや吐き気、痙攣《けいれん》に襲われることも増えてきました。

「自分は、そんなに彼が好きだったのだろうか？」と、悩んだあげく、勇気を出して復縁を頼んだのですが断られてしまい、余計に落ち込む結果となりました。

「こんなに弱くて、この先、生きていけるのかしら？」

後悔と自信喪失で、心身ともにダウン寸前の状態が続きました。

あなたの付き合っている相手の気性が、もしも激しくて自己中心的であり、ときに冷たくされたり、優しくされたりして、常に自分が振り回されているような場合は要注意です。**いわゆるツンデレな相手と接していると、あなたの脳内には、ドーパミンやアドレナリン、エンドルフィンなどの物質が大量に分泌されている状態が続きます。**

それは、「戦闘態勢」に入ったときと同じような状態です。

だから疲れるのです。それで、もう振り回されたくない、と別れを切り出しますが、**別れた直後は、そうした脳内物質の分泌量がいきなり減るため、一種の「脳内麻薬切れ」状態になり、どっと喪失感や不安感を覚える**のです。

家庭内暴力（DV）に悩みながらも、加害者と別れることができない被害者は、大勢います。

「暴力を振るわないときは、すごく優しい」「私がいないと相手が可哀そう」という理由からです。

こう考えてしまうのも、暴力を受けていたときに大量に発生していた脳内物質が、相手と離れたことで突然切れて、強烈な寂しさやうつの状態を引き起こすからです。

それを、「相手には自分が必要だ」などと勘違いしてしまうのです。すべては、たんに脳内ホルモンの量のせいだと知っていれば、変にセンチメンタルになって選択を誤ることも避けられるでしょう。

脳内ホルモンに惑わされない。

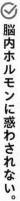

別れた直後ほど、言い聞かせよ！

別れた直後の辛さが堪《こた》える、という場合は、ホルモン切れの症状が治まるまで、「長距離思考」で乗り切りましょう。人生の、ちょっと先を見据《す》えるのです。

「今の寂しさや苦しさや不安感は、たんに脳内ホルモンが出ていないためだ。普通の状態に戻ったのだから、しばらく我慢していれば必ず落ち着く。長い目で見れば、ああいう相手と一緒にいたら、人生が滅茶苦茶になってしまうのだから、私の決断は間違っていない、私はよい選択をした。もっといい未来が待っている！」

不安に襲われるたびに、こう自分に言い聞かせるのです。前項の失恋した彼女も、あと少しの辛抱が必要でした。そうすれば虚無感から抜け出せていたでしょう。

少したてば必ず結果オーライ！

不安をコントロールする脳内物質の特徴とその操縦法

感情や体調には、当人の性格や努力、心構えなどに関係なく、脳内物質やホルモンが大きく関係しています。

わかりやすい例でいえば、更年期障害や女性の月経前症候群（ＰＭＳ）でしょう。

感情面では、イライラする、怒りっぽくなる、うつ症状が出る、情緒不安定になる、不安が大きくなる、パートナーのことが突然嫌になる、異性に対して攻撃的になるなどします。

体調面では、だるさ、頭痛、ホットフラッシュなどが起こります。

突然、不安や恐怖心が湧いてくる「気分変調」は、自分に落ち度があるのではなく、脳内物質のせいで起こることがあると知っておきましょう。

人によってその症状や軽重はさまざまですが、身体と心は密接につながり、影響し合っています。

心身に大きな変化が起きたときは、自分がどんな状態になったのか、記録して「見える化」しておくと、その後同じような兆候が出た際に、「あっ、きたな」と用心しやすくなりますし、のちの人生を平穏に過ごすための有益な資料にもなります。

脳内物質やホルモンのせいだと知らずに、自分はダメな人間だという自己嫌悪感や虚しさなど、一時の感情に流されて、会社を辞めたり高額商品を購入してしまったりして、後悔するケースは結構あります。

脳内物質の特徴とそのコントロール法を知っておくことは、それを避けるのに役立ちますので、主なものを挙げておきましょう。

◆ドーパミン

幸福ホルモンとも呼ばれ、快適な状態のときに分泌されます。作業記憶（ワーキングメモリ）とも関わりがあり、情報処理能力や注意力、集中力の向上を促します。

ドーパミンを分泌させるのは、「精神的な報酬」です。褒められたり、目的を達したりして充実感を得ると、分泌されます。

他人に褒めてもらうことを期待しなくても、「よくやったぞ、自分！」と自分で自分を褒めても得られるので、大いに自画自賛してください。

ショッピングなどでもドーパミンは発生します。買い物依存症は、ドーパミンが発生することで起きている面がありますから、「自分へのご褒美」としてのショッピングは、ほどほどにしておきましょう。

また、発達障害のひとつであるＡＤＨＤ（注意欠如・多動症）の人は、このドーパミンの分泌が少ない傾向にあると言われます。やる気が出なく、疲れやすいのは、怠惰だからというわけではなく、ドーパミンの不足であることがほとんどです。

◆ノルアドレナリン

不安や恐怖を抱きがちな人には、ぜひ知っておいてほしいホルモンです。

ノルアドレナリンは、「闘争か逃走のホルモン」とも呼ばれる抗ストレス物質であり、不安や恐怖と戦うのに必要な集中力や注意力を高めます。不安症の人は、これが常に分泌されており、常に戦闘態勢にいる状態にあります。蓄積されすぎると焦燥感が増して疲弊し、パニック障害を引き起こすことがあります。ときどき意識的に深呼吸をし、瞑想やぼんやりする時間を設けて分泌量を抑制しましょう。

◆アドレナリン

アドレナリンが分泌される状況は、ノルアドレナリンとよく似ています。しかしノルアドレナリンが主に脳のパフォーマンスを高めるのに対して、アドレナリンは身体に作用します。両者ともにストレスに対して分泌されます。常に興奮、戦闘態勢にあると心身は疲れますので、適度な休息を心掛けましょう。

◆セロトニン

うつ病に大きく関わっているのが、このセロトニンです。太陽光のある昼間に多く分泌され、夜に近づくにつれて分泌量は減ります。

うつ病にかかると朝スッキリと起きられず、日中でもひどい倦怠感を覚えるようになりますが、これは、「朝起きてセロトニンを分泌する」という体内時計のリズムが崩れていることが原因です。

セロトニンをコントロールする簡単な方法が三つあります。

ひとつは、夜、眠る前にカーテンを開けておき、**太陽の自然光で目覚める方法**です。朝陽の入らない部屋なら、照明が点くようタイマーをセットしておいてもいいでしょう。最初は少しきついでしょうが、早起きの習慣がつけば、体内時計は正常に働くようになります。

ふたつめが、**リズミカルな動きを5分以上続ける方法**です。ジョギングや階段昇降、深呼吸のほか、音読や読経、ダンス、カラオケなどです。セロトニンを活性化させるには、5〜30分ほど継続する必要があるので、5分以上続けられるものを選びましょう。

三つめが**咀《そ》嚼《しゃく》**。朝食をよく噛んで食べるだけでもセロトニン分泌の効果はあります。もぐもぐと噛むことも、リズム運動の一種だからです。

◆エンドルフィン

エンドルフィンは、麻薬の一種であるモルヒネの6・5倍もの鎮痛作用があるとされています。肉体的な痛みのほか、精神的な痛みを鎮める効果もあり、分泌されると幸福感が得られます。

マラソン選手のランナーズハイは、このエンドルフィンによるものとされていますが、マラソンほどの極限状態に心身を追い込まなくても、もっと軽い運動や自分が癒やしだと感じる行為をしても、分泌されます。

ちょっと息が上がる程度の強度でエアロバイクを15分以上漕ぐことのほか、セックスのような肉体的に気持ちいい行為や、脂っぽいものや辛《から》いもの、そして、チョコレートを食べることでも活性化することがわかっています。

運動や食事でも楽になろう。

原因は脳だけではなかった!? 腸内細菌と神経発達症の関係

最近、不安症やうつは、脳だけの問題ではなく、全身が関係しているのではないかという説が出てきました。

中でも**重要なカギを握っているのは、腸内細菌**です。

母親の胎内にいる胎児には、腸管にも呼吸器系にも細菌はいません。出産を経て外界に出てくると、たちまち細菌などの微生物に気道や消化器が覆《おお》われます。

そのうち、特に腸管の内側をベッタリ覆っている細菌を「腸内細菌」と呼んでいます。ヒトでは100兆～1000兆個の細菌が棲息し、その種類は数百種類に及ぶとされます。

その中で消化吸収を助けたり、病気への抵抗力をつけたりする、ヒトにとって都合のいい働きをする菌を「善玉菌」と呼びますが、その代表がビフィズス菌です。

こうした腸内細菌が心の病、性格などにも関係することが、昨今、注目されているのです。

不安症やうつになると、極度のやる気のなさや疲労感を覚えますが、私は、それは脳だけの問題ではなく、全身の機能がコントロールを失っている状態だと考えています。

今、神経発達症、ALS、パーキンソン病、脳卒中の唯一の治療法は、腸内細菌を変えることだと考えられはじめています。うつ病や不安症になると、脳の毛細血管の透過性が増して、腸内細菌の産物が脳に入ってしまいます。つまり、脳の疾患は全身病なのです。

たとえば、アメリカはアリゾナ州のエタン・ロヨラという子は、1歳になる前に腸に異常があると考えられていました。エタンが赤ちゃんのころ、耳の感染症で抗生物質を与えられていました。それ以前はすくすくと育っていたのですが、抗生物質を投与した直後から、エタンは腹部膨満や下痢に悩まされ、痙攣を起こすようになります。

1歳になったエタンは、覚えた言葉を忘れ、他人と目を合わせなくなり、自閉症スペクトラム（ASD）と診断されました。

アリゾナ州立大学では、自閉症の子どもの腸内細菌に関心を寄せていて、健康な子どもの腸内細菌と入れ替える研究をしていました。

また、アイルランドの生化学者、ジョン・クライアンは、生まれたときに無菌にして腸内細菌をなくしたマウスは、他のマウスに近づくのを避けるようになることを発見しました。ジョンと共同研究者は、脳には腸内細菌からのシグナルに敏感な部分があり、それがヒトの社会的行動を変えているとしています。

つまり**腸内細菌は、脳の働きに影響を与える物質を出している**と考えたのです。

ある腸内細菌はプロピオン酸という脂肪酸を育成し、ラットに自閉症様の症状を引き起こします。また自閉症様の症状を出すようになったマウスの腸内細菌はトリプトファンをあまり作れず、セロトニンを作れないと報告されています。

抗生物質や添加物の摂取を減らそう。

腸内細菌とうつ病とのディープな関係

うつ病に関しても腸内細菌の移植実験が行なわれており、**ビフィズス菌などの乳酸菌の一種が、うつ病、不安の症状を改善させる**ことが示されています。

逆に、正常なラットに抗生物質を与えて腸内細菌を除去し（抗生物質は、腸内の悪玉菌のみならず、善玉菌も破壊します）、うつ病の患者の腸内細菌を入れてやると、ラットにうつ病の症状が現れることがわかってきました。

では、何を食べたら、うつ病の症状を改善できるのでしょうか。

地中海食でふんだんに使われる**オリーブオイル、新鮮な野菜、果物、ナッツ類なども、うつ病の危険を減らす**ことがわかっています。

逆に、甘味飲料、加工食品（フライドポテト、ハンバーガー、インスタント食品など）は、うつ病の危険因子とされます。

微量成分では、マグネシウム、カルシウム、鉄、亜鉛の摂取は、うつ病を予防します。最近では、特に亜鉛がうつ病の予防・改善に注目されています。

魚などに含まれるDHAやEPAは、多くのデータがうつ病を予防するとしていますが、あまり関係しないという研究結果もあり、結論は出ていません。

ビタミンの中では、**葉酸、ビタミンB**がうつ病を予防するとされています。葉酸は緑黄色野菜、牛肉、酵母、米、大豆、小麦、キノコなどに含まれ、ビタミンBは卵黄、牛乳、カキ等に多く含まれています。

ドーパミン、セロトニンを産生する腸内細菌が、別種の腸内細菌の作る物質によって脳に入りやすくなるのではないかと、調べが進められています。

発達障害の患者も、うつ病の患者も、腸に疾患がある人が多いようです。

現在、うつ病でどの腸内細菌が増えているのか、減っているのかというのは、精神医学界での最大の関心事のひとつです。

腸を健康にしよう。

食べないダイエットには、メンタルを病むリスクが隠れている

太っていると嫌われる不安があるといって、痩せようとする人の中には、炭水化物や肉類を避けている人が多く見受けられます。

しかし木の実や果物、野菜の原型成分のほとんどは、炭水化物でできています。

私たち人類は、炭水化物によって生命を維持し、身体や脳を進化させてきたのです。痩せるためだけに、その大事な成分の入った食物を敬遠するのは、いかがなものか。

神経発達症、不安症、ＨＳＰの傾向がある人は、自分の食の好みがほかの人に比べて偏っていないか、また下痢や便秘などのトラブルを起こしやすくないか、チェックする必要があるでしょう。

１９９０年代にアメリカのロバート・アトキンスという医師により始められた糖質制限食（低炭水化物ダイエット）は、肥満を防ぐ効果が高いということで、欧米

で大流行しました。日本でも流行しましたね。

同じカロリーの食事をした場合、脂肪を減らしてもあまり痩せないのに、タンパク質を多く摂取すると、体重が目に見えて減ります。さらに血糖値も下がります。それをテレビ番組などで、医師の証言や、人気タレントのリアクションなどを交えながら見せられれば、誰だって糖質制限、タンパク質摂取の信者になってしまうでしょう。

しかし、糖質制限には、死亡率を高めるという研究結果もあります。

そうしたリスクがあるにもかかわらず、とにかく体重が減るからといって、みな、なかなか糖質制限を止めません。

私はこれを危険だと見ています。人間の身体の成り立ちから言っても、米という炭水化物を主食としてきた日本人のＤＮＡから言っても、炭水化物を中心とした糖質を極度に制限することに、**悪い影響がある可能性は高い**のです。

糖質は、脳の重要なエネルギー源。

CHAPTER 8

逃げよう！「逃げる」は、役に立つ！

「死ぬくらいなら、逃げていい」に常識をアップデート

もう何年か前のことですが『逃げるは恥だが役に立つ』というテレビドラマが、高視聴率をマークしました。再放送されるたびに高視聴率を獲得しています。

気の弱い恋愛経験のない30代の男性（星野源）と就職先のない女性（新垣結衣）。互いの利益が一致して、女性は、男性の家に住み込んで家事代行仕事を請け負います。


家事の苦手な男性と家事を仕事にした女性の、偽装恋愛から始まるラブストーリーで、エンディングテーマ曲に合わせて見せる「恋ダンス」も話題になりました。

日本ではあまり聞き慣れないフレーズを冠したこのタイトルは、**「自分の戦う場所を選べ」**という意味のハンガリーの格言からきています。

ハンガリーはヨーロッパの内陸部に位置しており、国境周辺を他国に囲まれてい

るせいで、長い歴史の中で幾度となく周辺国に侵略され、翻弄《ほんろう》されてきました。

年がら年中、戦争に巻き込まれる国民は、生きていくだけでも大変で、とにかく、「何があっても生き延びることがベストの選択」だとされてきました。

その生き方が、「逃げるのは恥ずかしいかもしれないが、生き延びる手段としては役に立つよ」という、この格言になったのです。

立ち向かうことがすべてだと思って、今いる環境にしがみつくのではなく、逃げることも選択肢に入れて、自分の得意なことが発揮できる場所に行こう、ということです。

この言葉に共感する人が増えたのは、日本社会も、それだけ厳しく、生きづらくなってきたからでしょう。

主人公の男性はＩＴ企業に勤め、恋愛したことのない草食系です。ふたりはウソの結婚ではあるけど、一応の礼儀として家族同士の会を持ったあと、彼は女性にこんな感じのことを伝えます。

「後ろ向きな選択だっていいじゃないか。恥ずかしい逃げ方だったとしても、生き抜くことのほうが大切で、その点においては異論も反論も認めない」

嫌なことや苦しいことがあっても、逃げずに歯を食いしばって頑張り続けたために、うつになったり過労死したりする人が増えている現代です。

死ぬくらいいなら、そんな場所からは、さっさと逃げればいいじゃないか。何よりも、生き抜くことのほうが大切だよという彼の言葉に、女性も深く頷きます。

ちなみに、日本にも、似たようなことわざがあります。

「逃げるが勝ち」

その場から逃げた今だけを見れば、負けたように見えるけれど、もっと長い目で見たら、負けたかのように見えた人のほうが勝つ、という意味です。

また、相手に目先の勝ちを譲っておいたほうが、のちのち自分の勝利につながるという意味もあります。歴史的にも、そんな例は多くあります。平治の乱で平清盛に負けた源氏、信長に屈してきた家康……。

何があっても生き延びることがベスト。

このヒットからも、時代は、「逃げていい」に変わったのは明らか

かつての日本では、「逃げるな！」が定番の励ましであり、教育の指針にもなっていました。苦しくても逃げるな、苦しさの先に勝利がある、と。

今は「逃げろ！　逃げていい」です。「逃げる」という言葉に抵抗を感じるなら、**「その場から離れる」「距離を取る」**と考えてもいいでしょう。

『Lemon』や『パプリカ』の作詞・作曲で知られる米津玄師《よねづけんし》さんの作った『カイト』の歌詞にも、父親が子に向かって同様のことを言うシーンがあります。

米津玄師さんは、発達症（高機能自閉症）であり、うつ病でもあったと自ら明かしています。おそらくＨＳＰの傾向も、多分に持っておられるでしょう。

そんな彼が作る歌詞が、大ヒットを記録しました。

若者だけではなく、幅広い層から共感され支持を受けた——これこそ、彼と同じ

ような感性を持ち、発達症や不安症、HSPによる気質で人に振り回されて、しんどさを感じている人が増えている証でしょう。

ちなみに、米津さんは、「間違い探しの間違いのように生きてきたと思っていたけど、正解のほうでは、きっと君と出会えなかった」といった主旨の歌詞を、別の歌に書いてもいます。本当にその通りです。**今は辛いと思うことがあるかもしれませんが、何が幸いするか、わかりません。**

辛い、苦しい、もう限界だと感じたら、その場から離れて、深く息を吐き、肩の力を抜いてみましょう。

きっと、また違う景色が見えるはずです。

流行歌は道標。

マイケル・ジョーダンが9000回シュートを外しても、心折れなかった秘密

前項の「辛いときや、苦しいときは逃げていい」という考え方は、長距離思考を前提にした対処法です。

長距離思考とは、たとえば、すごく頑張ったのに受験に失敗した、職場の人間関係がうまくいかない、家事に追われて疲れきっているなど、「今現在」抱えている不安を、数年とか、数十年という将来長いスパンで眺めてみる思考法です。

「この失敗は、長い人生から考えれば、やがてよいほうに転じる可能性が高いのでは？」「いったんこの場は負けとなる選択をするほうが、その先のプラスが大きいのではないか？」と考えてみるやり方です。

失敗を苦にする人は、そもそも、失敗を自己否定の材料として、マイナスのものと見なしています。しかし、歴史上の偉人だろうが、職場の誰であろうが、失敗経

験のない人などいません。

バスケットボール界のスーパーレジェンドであるマイケル・ジョーダン氏は、失敗について数々の名言を残していますので、ぜひ参考にしましょう。

「失敗には耐えられるが、挑戦しないことには耐えられないんだ」

「私は9000回以上シュートを外し、300回試合に負けた。勝負を決めるシュートを任されて26回も外した。人生で何度も何度も失敗してきた。だから私は成功したんだ」

勝負どころのシュートを外すという失敗を、「短距離離視点」で見ると、どうなるか？　チームを勝利に導けなかったことを、メンバーからもファンからも責められている気がして、ひどく落ち込むでしょう。成績も人気も、年俸もガタ落ち……、もうダメだ、バスケットをやめよう、と心折れてしまっても無理はないでしょう。

では、「長距離視点」で見たら？　悔しいけれど、仕方ない、次は外さないようにしよう。シュートを外した原因はなんだろう？　それを改善すれば、記録樹立へ近づく！　こんなふうに思え、チャレンジする力が湧いてくるかもしれません。

受験に失敗した浪人生なら、「来年もまた全滅かもしれない」という不安が頭をよぎることはあるでしょう。

上司とうまくいっていなければ、もう出世は見込めない、お先真っ暗だ、これから毎日悩まされるだろうと、不安に思うのも、当然です。

そのとき、「逃げるか、踏ん張ってとどまるか」。

迷ったら、「短距離思考」と「長距離思考」の両方の視点から検討してください。

今の状況と、将来の可能性を考慮して、どちらが自分の不安がより減るのか、自分のやりたいことに集中できるのか、さまざまな可能性を検討しましょう。

長短両方のスパンで考える。

スパッと決断すれば、悩み続けて消耗するのを避けられるよ

不安や恐怖は、あなたがやりたいことや夢に向かう意欲を殺ぐブレーキのようなもの。

ブレーキをかけながらアクセルを踏み続ければ、車はそのうち故障してしまいます。第一、非効率です。

不安や恐怖は、その原因や対象が、自分にとって大事なことだからこそ抱くのです。

どうでもいいことなら、気にもなりません。

だから、不安な感情を無理に押し込めて、行動せずにいるのではなく、長距離思考でとらえ直して、不安を取り除く行動をしていきましょう。そうすれば、やりたいことに注げるエネルギーも増えるでしょう。

「長距離思考」は、さまざまな決断に役立ちます。

たとえば、ある物を買おうか、やめようか迷ったなら、

「これはずっと家に置いておきたいか？　今買わなければ、ずっと後悔するか？」

「この値段なら、今だけの、今シーズンだけのときめきでもいいのではないか？」

こんな具合に考えてみてください。きっといい答えが導き出せます。

仮に、この方法で決めてちょっと後悔するようなことになっても、貴重な人生の時間を悩むだけで消費するのを避けられるのは、間違いありません。

人生の時間を有効に使おう。

マイナスの記憶ばかりを思い出して嫌な気分になることが多いなら、この方法

うつや不安症の傾向がある人は、「嫌な出来事ばかりを思い出す」という脳のクセが強い。確かに、嫌な出来事を思い出しているときは、暗く憂うつな気分になります。**楽しいことを思い出しているときは、自然と笑顔になっているものです。**

だとすると、不安やうつを避けるには、楽しく嬉しいことだけを思い出せばいいわけです。

「それが簡単にできないから悩んでいる！」と、お叱りの声が聞こえてきそうですが、この**「嫌な記憶」を「楽しい記憶」で上書きできる**ことを発見した日本人がいます。ノーベル生理学・医学賞を受賞した利根川進《とねがわすすむ》博士です。

彼は、身近な人の死という不幸に遭い、辛い記憶を抱えていました。その経験が、彼をこのような発見に導いたのかもしれません。

利根川博士の実験はこのようなものでした。

オスのマウスを、小部屋に入れ、脚に弱い電気を流し、ショックと苦痛を与えます。すると、マウスの脳内の海馬《かいば》という記憶に関わる場所が活性化し、「この小部屋は、苦痛をもたらす場所」という記憶が定着します。

また、電気ショックを与えられて苦痛の記憶が刻まれた海馬の部分をマークしておき、あとでそこに光を当てて刺激すると、マウスは、当時の不安や恐怖心をよみがえらせました。小部屋に入れなくても、脚に電気ショックを与えなくても、身をすくませたのです。

ところが……、ここからが肝心です。

先ほどのオスのマウスを、また同じ小部屋に入れます。するとマウスは、ここは恐ろしい場所だと記憶していますから、恐怖に身をすくませます。

でも、その同じ小部屋にメスのマウスを入れ、メスのマウスと1時間ほど仲よく遊ばせていると、そのうち、オスのマウスは、その小部屋にいることが苦痛ではなくなってしまうのです。先ほどマークしておいた海馬の部分を光で刺激しても、苦痛を思い出さなくなります。

これは、マークした海馬の部分の記憶が、**「嫌な記憶」から「楽しい記憶」に置き換わった**ことを意味しています。「苦痛をもたらす場所」であるはずの小部屋が、そこでメスと楽しく遊んだことで、「楽しい、ときめきの場所」に置き変わったのです。

こうして、記憶は、案外すぐに書き換わる不確かなものであることを、利根川博士は発見したのです。

「記憶は、不確かなものであり、書き換えられやすい」

「脳は現実と、思い描いているイメージとの区別ができない」

これらのことから、意識的に「記憶の塗り替え」をすれば、不安や恐怖を減らせるということになります。それが、私のメソッド「記憶のスイッチ変換」です。

もし、過去のいじめに遭った経験や、トラブル、失恋などの嫌な記憶を思い出して不安を覚えたら、その記憶を楽しい記憶に塗り変えてみるのです。

嫌な思い出ばかりではないはずです。わずかでも楽しい記憶があれば、そればかりを思い出すのです。するとすぐには不安が消えなくても、繰り返すうちに、徐々に楽しい記憶に塗り替えられていくでしょう。

また、人前でスピーチするなどの不安や恐怖を感じる状況下での脳の血流を調べた別の研究では、不安を感じやすい人は、扁桃体の血流が活性化していました。

そしてその血流量は、その人が感じる不安や恐怖の度合いによって変わります。

ここから言えることは、不安感を減らすには、扁桃体の血流を活性化させなければいいということです。

そのためにも、**幸せな状態をできるだけ頻繁にイメージすること**です。

脳は騙《だま》されやすいので、実際の出来事と、想像（イメージ）を、いとも簡単に混同します。過去の幸せなことを思い描けば、今まさにそうであるかのように脳を騙すことができ、血流やホルモンの分泌が安定し、心身によい結果をもたらすのです。

「記憶のスイッチ変換」。

あえて不安を放置して不安を追い払うという森田療法

「記憶のスイッチ変換」は、嫌な記憶を楽しい記憶に意識的に書き換える方法ですが、そうした努力をせずに、ただ「放っておけ」という対処法もあります。

それが「森田療法」です。

これは、何かに不安や恐れを感じてもいいから、とにかく自分が今やることに集中しなさい、というもの。不安や恐れを悪いものとして、その存在を否定したり、排除したりするのではなく、不安や恐れがあることを認めて、それを受け入れることで治療につなげていきます。

森田療法では、不安の裏には、「欲求」があるとしています。たとえば、**強い不安にとらわれる人は、それだけ生きることへの意欲や欲望が強い**ということ。生きる意欲が強いからこそ不安にとらわれるのだと、不安をポジティブにとらえています。

試験に受かってあの学校に入りたい。

この仕事で成功したい。

彼（彼女）との関係をうまくいかせたい。

こういう希望や欲望が人一倍強いからこそ、受からなかったどうしよう、失敗したら怖い、フラれないだろうかと、不安になるのだ。それならあえて、その希望や欲望を実現するための行動に、飛び込んでみよう、というわけです。

もちろん最初は苦しいので、効果を疑いたくなるでしょう。でも、自分のやるべきことに集中していると、本当に不安は追い払われていきます。

自分に合うか、いろいろ試そう。

森田療法、その誕生の経緯

森田療法は、精神科医の森田正馬《まさたけ》氏によって開発された日本独自の精神療法です。日本人は、対人関係で緊張や不安を感じる人が多く、森田氏自身も不安症に苦しんだ経験がありました。

不安症や強迫症に苦しんでいた彼は、学生のころ、受験勉強をしている最中に心臓の動悸が気になりはじめました。最初は医者に薬を処方してもらい、それを飲んでしのいでいました。

ところが、ちょうどそのころ、親からの仕送りが遅れるという事態も重なります。このままでは薬も買えない、かといって体調が悪くて働くこともできない、もし働けたとしても、今度は勉強ができなくなって肝心の受験に行き詰まってしまう、という状況になりました。

精神的に崖っぷちまで追い込まれた彼は、「こうなったらもう何が起きてもやるしかない、心臓が苦しかろうが、不安に押しつぶされそうになろうが、試験勉強に集中しよう」と決意し、ひたすら勉強を続けました。

その結果、試験を無事に突破。気づいたら、彼の不安症やパニック症は、すっかりなくなっていたのです。

やがて精神科医となった彼は、この自身の体験を不安症や神経症に苦しんでいる人々のために役に立てようと研究を始め、独自の治療法を確立しました。

その極意は、やたらと不安になる症状が起きたとしても、それに振り回されず、放っておくというもの。そして自分にとって一番大切なこと、つまり、その不安の裏にある真の欲望を達成するために、やるべきことに集中する――というものです。

患者たちの多くは、**「不安で仕事なんてできない」「心配で勉強に集中できない」と、不安や失敗への恐れを理由に、本来やるべきことをしようとしません。**しかし、それではいつまでたっても、不安や恐れはなくなりません。

病気で命を落とす不安や、お金を工面できないといった恐れがあったとしても、その中に飛び込んでいくことが大切だ。そして自分の得意なことや、やらなければいけない仕事、大切な家族、友人のことを考え、やるべきことに集中する。

今の自分にとって大切なことがあり、大切な人がいてくれさえすれば、ほかのことはどうでもいい、自分の命さえも、天にお任せする——そう思って目の前のことに意識を集中しなさい、と説いたのです。

「命さえも、天にお任せ」で輝きだす。

良いことも悪いことも思い出さない
——禅的思考がくれるギフト

私たちは過去を思い出し、「あんなことを、なぜしてしまったんだろう」「ああ、あの発言を取り消したい」と悔やむことがしばしばあります。しかも、すでに関係者が亡くなっていても、頭では覆水盆《ふくすいぼん》に返らずとわかっていても、後悔するのです。

なぜか？

過去にそうした恥ずべき行為や、欲にとらわれた行動をしたことが嫌なのです。

「記憶こそ苦のもとなり」と言ったのは、あの大石内蔵助《くらのすけ》の禅の師とされる盤珪《ばんけい》禅師です。盤珪は、当時（江戸時代）、家庭内の最大の問題だった「嫁姑《よめしゅうとめ》問題」について、こう語っています。

「嫁は憎くはないぞ、舅《しゅうと》は憎くないぞ。嫁があのとき、あんなことを言ったとか、舅があんなことをしたという記憶が憎いのだ。記憶さえなければ、嫁も舅も憎くはないぞ」

昔、姑に意地悪されたことをいっさい思い出さなければ、日々、まっさらな気持ちで相手に向き合えるということです。

「良いことも悪いことも思い出すな」と禅の世界では教えています。

たとえば、「自分は昔、ものすごく貧乏した経験があるから、貧乏など怖くない」とうそぶく人がいますが、それは違います。貧乏を経験した人は、その辛さが身に沁《し》みているので、貧乏を恐れる人のほうが多いでしょう。

そして、ずっと裕福に生きてきて、貧乏を経験したことがない人の中には、貧乏を恐れず、飛び込むことができる人もいるでしょう。

禅の考えでは、「あれこれ考えてしまう、計らうから間違うのだ、経験しないことをあれこれ考えてもわからないのだ」としています。

過去に惑わされなければ間違わない。

放っておきなさい——究極の禅的思考

かの一休さん（室町時代の禅僧、一休宗純）は、**「なるようにしかならない」**と言いました。何事も、自分が思うようにはならないということです。

「子どものころ、私は可愛くなれる？　お金持ちになれる？　と母に聞いたことがある。母は言ったわ。『なるようにしかならない。けれど、未来はどんなふうにだって変えていける、ってことでもあるの。自分自身に身を任せればいいのよ』」

かつてこんな感じの意味の歌詞の歌が流行しました。

ドリス・デイが歌う『ケ・セラ・セラ』です。

ビートルズの有名な『レット・イット・ビー』も、これと同じようなことを言っている歌です。

「自分が困難なときに、マリア様は智慧の言葉を与えてくれた。あるがままに放っておきなさい」

なるようにしかならないのだから、放っておけ――一言でいえば、こういうことです。誰も未来のことはわからないのだから、心配しても解決にはならない。そのままにしておけば、自然に解決される。今の苦しみも長い目で見れば、そのうち「なんとかなる」ということです。

こんなふうに考えることができたら、不安の解決法としては最高でしょう。

対策をして、思い煩わない。

その効果は、薬に匹敵！「待つ」ことの大切さ

未来のことを心配して不安がっている人に、「どうなっているかわからない先のことを考えるのはやめて、放っておいてみてはいかがでしょうか」と提案すると、「他人事《ひとごと》だと思って！」と怒られることがあります。

でも、**「時間が解決する」「時間薬」**と、よく言います。

これは**言い換えれば、「待つ」「放っておく」**ということにほかなりません。

私はせっかちで、すぐに結果を知りたがる性格でした。しかし、あるとき、「待てば海路の日和あり」という経験をしたことで、待つことの重要性を知るようになりました。

何か問題が起きても、物事の状況は、永遠にそのままということはありません。状況は、刻一刻と変化していきます。時間が解決してくれることは、確かにある。

大きな船を間近に眺める人には、最初、船首しか目に入りません。でも、このとき、「この船には船尾がない」と思う人はいません。船のイメージが頭にあるからです。

ところが、今の目の前で起きている現象は、先のイメージが持てない、終わりが見えない。それで不安や恐れを抱きます。

「幽霊の正体見たり枯れ尾花」という有名なことわざがあります。怖い、怖いと恐れていたけど、その正体は、ただの枯れススキだった、大したことのないものだった、という意味です。先が見えないことに対して、人は不安になるものです。しかし、不安になってもならなくても、時間は流れますし、あなたが歩いていけば、やがて船の真ん中の部分も見え、そのうち船尾も見えてきます。

少しだけ先を見据えて、船の船尾が見えてくるのを待つ。

「待つ」こともまた、今すぐにできる不安解消法です。

人間関係のすれ違いに。

不安は、自分の中にいる幼子のようなもの。――ゆっくり諭《さと》そう

敏感さや繊細さというものは、自分の中にいる幼い子どものようなものです。

あなたのそばに、小さな子どもがいると想像してみましょう。

鈍感な人の大声や、デリカシーのない粗雑で無礼な行動、早口でまくし立てる高圧的な物言いに対して、その子は、うまく抵抗する術を持たず、彼らの顔色をうかがいながら、身を小さくして嵐が過ぎ去るのをじっと待っています。

その子は、楽しい遊具であるはずの滑り台やブランコに対しても、「乗れるかな、落ちるんじゃないかな」と不安や恐れを抱いています。

あなたなら、「この滑り台はすごく大きく見えるだろうな、このブランコは、すごく揺れているように思うだろうな」と気持ちを理解してやれるでしょう。

そして、あなたがその子と一緒に滑り台を滑り、ブランコをそっと揺らしてやれ

ば、その子の不安や恐れは少しずつ楽しさに置き換わり、しまいには「もっともっと！」とねだるようになるでしょう。

同じように、あなたが今感じている不安や恐怖も、自分自身の見方や視点を変えることで喜びに変わることがあります。心理学では、これを**「リフレーミング」**と呼びます。物事をとらえる枠組みを変えて、別の感じ方をすることです。

絵画はそれを飾る額縁（フレーム）によって、高価にもチープにも見え方が変わります。額縁を変えるように、今ある不安や恐れを抱いている状況を捉え直してみよう、自分では最悪の状況だと思っていたとしても、見方次第では、ラッキーな状況になることもある、ということです。たとえばこんな具合に捉え直すのです。

失敗してしまった↓今、失敗してよかった。キャリアを積んだあとにこんな失敗をしたら、大恥をかいていたかもしれない。いい勉強になった。

怒鳴られた↓冷静に話してくれればわかるのに。あの人は、ほかの人に対しても同じように怒鳴っている。あれはあの人自身の問題だ。あの調子でほかの人にも接しているなら、自業自得になるだろう。落ち込むだけ損だな、距離を置いて付き合おう。

臆病だとそしられた→これを臆病だと決めつけるのか。繊細、注意深い行動だと言えるのに。この人とは用心して付き合ったほうがいいな。

特に次のような別の角度から見たあなたをイメージすることで、自分を客観的にリフレーミングすることができ、不安や恐れを取り除く一助となるでしょう。

- **状況を捉え直す**
- **時間軸で考える（長い目で考える）**
- **マイナスの言葉をプラスの言葉に変えてみる**

✓ **リフレーミングで不安を再定義。**

心理療法でも水のイメージはフル活用されている

意外にも「水」が、不安解消のために使えます。

お腹が空いたときに、食べ物を食べる代わりに水を飲む。これにはダイエット効果がありますが、「水」は、ダイエットのほか、タバコやアルコール中毒などの依存症の解消にも効くことが知られています。しかも、体内に入ったニコチンなどを水が排出しやすくしてくれます。

精神的にも、水は役に立ちます。

不安や恐怖を感じたときにコップ1杯の水を飲むことで、神経の昂《たかぶ》りを抑えられ、いとも簡単に気分を変えられ、冷静になれます。

また、水分を摂取すれば、脳機能の低下も防いでくれます。

また、**水のイメージは、心理療法にも使われる**ほどの多義性があります。

生物の起源は水中にあると言われ、人間もお母さんのお腹の中の海＝羊水で育ち、生まれてきました。だから水は、ヒトにとって非常に重要な意味を持っています。海や川、滝や水しぶきといった水に関わるイメージは、恵み、神の言葉、清めなどを象徴しています。広大な海のイメージや豊かな水を蓄えた青い地球のイメージは、母親の胎内で守られている自分を想起させるかもしれません。


不安や恐怖を感じたときは、ゆったりと流れる「水」をイメージしてください。

今の状況を刻々と変えていくイメージや浄化のイメージを呼び起こしてくれるでしょう。

「ゆく河の流れは絶えずして、しかももとの水にあらず」

鴨長明は『方丈記』にこう記しました。すべてのものは変わっていく。だから今の状況だけにとらわれるな、ということです。

小川のせせらぎの音——サラサラ、チョロチョロ、ザーザーと流れる水の音は、リズミカルに私たちの心を打ち、呼吸と合わせることで、精神の統一や落ち着きを与えてくれます。

ゆるやかに大空を流れていく雲をイメージするのもいいでしょう。雲は水の集まりです。

「行雲流水《こううんりゅうすい》」という禅語がありますが、この雲や水は何ものにもとらわれない心を表しています。そして修行僧のことを「雲水《うんすい》」と言います。

「おうい雲よ　ゆうゆうと　馬鹿にのんきさうぢやないか　どこまでゆくんだ　ずっと磐城平《いわきたいら》の方までゆくんか」

明治大正の詩人、山村暮鳥《ぼちょう》はこう書きました。

悠々と大空に浮かぶ雲のイメージは、不安など吹き飛ばしてくれそうです。

浄化して払拭しよう。

孤独という不安には

昨今、ひとり暮らしをする中高年が増えています。それが孤独死や突然死につながるのではないか、という不安を多くの人が抱えています。

孤独死に備えて、40代の女性が身の回りの整理を始めているなどという話をメディアも盛んに取り上げていますし、「孤独」という言葉の入ったタイトルの本がベストセラーにもなっています。しかし、孤独とは何でしょう？

人はひとりで生まれ、ひとりで死ぬのですから、本来孤独です。

また、夫婦ともに健在で、親も子どもも元気だという場合でも、一日のほとんどの時間はひとりで過ごしていることが多いでしょう。また、人は、たとえひとりでいたとしても、常に孤独を感じているわけではありません。

私は孤独について講演をするとき、次のような例を挙げています。

「今、あなたはこの講演会場にいます。そして、この講演会が終われば、どこにでも行くことができます。家に帰ることも、友達や家族に会いにいくことも、行きつけの飲み屋に立ち寄ることもできます。でも、仮に、この会場が絶海の孤島にあったとして、そして、この会場内では美味しいものを食べたりショッピングをしたり、なんでも自由にできるとしましょう。けれども、外に出られず、誰にも会えないとしたら、あなたは孤独を恐れるでしょう。つまり、**人は、たとえたったひとりで暮らしていても、自分が望めば誰かと一緒にいられる、誰かに会えるという状態であれば、孤独ではない**のです」

私のマンションは、同じフロアに2世帯しか入居がなく、私の部屋の向かいに娘と孫が住んでいます。娘は働いていて夜遅く帰ってきます。孫の長男は学生、妹は医学部受験に失敗して浪人をしています。みんな忙しいので、私は娘の家族の部屋にはめったに行きません。孫と会うのも週に1回くらいですが、いつでも会えると思っているので、孤独を感じることはありません。

老夫婦でも、いつでも一緒にいるというわけではありません。お互いに趣味が違うし、奥さんが旦那とではなく、友人とショッピングや旅行に行ってしまうのは、よくあることです。でも、お互いに孤独だとは感じていないでしょう。

つまり、**孤独とは、物理的にひとりになることではなく、誰もかまってくれる人がいない、気にかけてくれる人がいない、話す人もいないという状態**なのです。

ですから、家族とほとんど会えない、話ができないという状況だったとしても、やろうと思えばできるなら、孤独ではない。

大切な人は、「そばにいてくれるだけでいい」のです。

そして、そうした話ができる人、会える人は必ずしも家族でなくていいですし、遠くにいて気軽に会えない、電話やメールだけのやり取りの友達でもいいのです。

ひとり暮らしでもそういう人を何人か持っておけば、孤独という不安は随分とやわらぐはずです。

会いに行けるなら、大丈夫。

自分を不安で縛る暗示を捨てなさい

夜眠る前に、「私は大丈夫」「私は可能性にあふれている」などの肯定的な言葉を自分に言い聞かせることをアファメーションと言います。

昼間、意識がはっきりしているときに、こうした言葉を自分に言い聞かせてみても、顕在意識が否定して受け入れにくい傾向があります。他者からそう言われたときでさえ、「そんなことはありません」と否定してしまいます。

眠る前のアファメーションが有効なのは、このタイミングがちょうど顕在意識より無意識の働きのほうが強くなっているからです。そのため、日中なら抵抗を覚える言葉も、すんなり受け入れやすくなります。

暗示とはその文字からも見て取れるように、「暗いところで示す」、すなわち無意識に示すものです。

そもそも私たちのセルフイメージや思想、常識は、幼いころに誰かから刷り込まれた「暗示」のうえにできあがっています。

「もう、あなたは怖がりなんだから」

「ダメね、あなたは」

「まったく、弱虫で困ったもんだ」

このように否定的な言葉を毎日シャワーのように浴びせられて育った子は、自分をそのような人間だと思い込んでしまいます。

私自身、親から「お前はこうだ」「何も知らないくせに」「お前のためを思って言うんだ」などと決めつけられて育ってきました。その言葉の中には、今でも忘れられないものがあります。何しろ、まだ自分という存在が確立できていない幼児期、つまり無意識の時代にかけられた言葉ですから、その影響は大きいのです。

しかし、それはしょせん他人によって植えつけられた言葉であり、植えつけた人の考えにすぎません。それなら、その「暗示」を、解いてしまえばいい。

かつては正しかった親の考えも、今の時代を生きるには、逆にためにならず、足

を引っ張ることもあります。

最も端的でわかりやすい例は、大戦中の「お国のために立派に死ぬ」という考え方でしょう。２０００年代になってからは、生涯同じひとつの会社に勤めることが偉いという考えも変わってきました。

人類は移り変わる時代を生き抜くために、いろいろな考え方を捨ててきました。

自分を縛る考えや感覚は、捨てたほうがいいのです。

古くから伝わるおとぎ話の中には、『眠れる森の美女』のような、幼いころにかけられた「呪いの言葉」から解き放たれて幸せになる話が数多くあることからも、昔から、暗示にかかって苦しんでいる人が多かったことが伺い知れます。

呪いを解くために、自分にとってのよい暗示をかけることが、つまりアファメーションです。

呪いから解放されよう。

〈了〉

本書は、廣済堂出版より刊行された『ＨＳＰと不安障害「生きているだけで不安」なあなたを救う方法』を、文庫収録にあたり加筆・改筆・再編集のうえ、改題したものです。

高田明和（たかだ・あきかず）
浜松医科大学名誉教授　医学博士。1935年、静岡県生まれ。慶應義塾大学医学部卒業、同大学院修了。米国ロズエル・パーク記念研究所、ニューヨーク州立大学助教授、浜松医科大学教授を経て、同大学名誉教授。専門は生理学、血液学、脳科学。また、禅の分野にも造詣が深い。主な著書に『HSPという自己肯定感を取り戻す方法』（廣済堂出版）、『魂をゆさぶる禅の名言』（双葉社）、『責めず、比べず、思い出さず』『敏感すぎて苦しい・HSPがたちまち解決』（ともに三笠書房《知的生きかた文庫》）など多数ある。

知的生きかた文庫

生《い》きているだけで不安《ふあん》なあなたを救《すく》う方法《ほうほう》

著　者　高田《たかだ》明和《あきかず》
発行者　押鐘太陽
発行所　株式会社三笠書房
〒一〇二-〇〇七二　東京都千代田区飯田橋三-三-一
電話〇三-五二二六-五七三四〈営業部〉
〇三-五二二六-五七三一〈編集部〉
https://www.mikasashobo.co.jp
印刷　誠宏印刷
製本　若林製本工場

ISBN978-4-8379-8804-5 C0130

C10066

知的生きかた文庫

日本語おもしろ雑学

坪内忠太

今夜は朝まで一気読み！　簡単そうで答えられない質問286。◇「グレる」のグレとは？　◇「総スカン」のスカンって？　◇顔(面)が白いでなぜ面白い？

渋沢栄一 うまくいく人の考え方

渋沢栄一
竹内 均【編・解説】

一度きりの人生が、最高の人生に変わる！　経営の神様ドラッカーも大絶賛の渋沢哲学。『論語』を人生の指針にすれば絶対後悔しない。約100年読み継がれる名著。

現代語訳 学問のすすめ

福沢諭吉

今を生き抜く最高の知恵を教えよう。錯綜の時代にこそ役立つ、究極の「生き方」の教科書。◇学問とは何か？　◇今我々が学ぶべきは？　◇人の上に立つ人の責任は？

スマイルズの世界的名著

自助論

S．スマイルズ【著】
竹内 均【訳】

「天は自ら助くる者を助く」――。刊行以来今日に至るまで、世界数十カ国の人々の向上意欲をかきたて、希望の光明を与え続けてきた名著中の名著！

人に勝ち、自分に克つ
強靭な精神力を鍛える

武士道

新渡戸稲造
奈良本辰也【訳・解説】

日本人の精神の基盤は武士道にあり。武士は何を学び、どう己を磨いたか。本書は、強靱な精神力を生んだ武士道の本質を見事に解き明かす。

C50414